LA DIVINITÉ

DE

LA RELIGION CHRÉTIENNE,

VENGÉE DES SOPHISMES

DE JEAN-JACQUES ROUSSEAU:

TROISIÉME PARTIE

DE

LA RÉFUTATION

D'EMILE ou DE L'EDUCATION.

A PARIS,

Chez DESAINT & SAILLANT, Libraires,
rue S. Jean-de-Beauvais, vis-à-vis
le Collége.

M. DCC. LXIII.

Avec Approbation, & Privilége du Roi.

RÉFUTATION

DE JEAN-JACQUES ROUSSEAU,
AUTEUR
D'EMILE ou DE L'ÉDUCATION.

TROISIÉME PARTIE.

ON a vu par les paroles de Tertullien, qu'il ne se laissoit point éblouir par la puissance de l'esprit de ténèbres que l'Incrédule n'affecte d'exagérer, que pour diminuer, s'il pouvoit, l'éclat des merveilles divines ? Chaque Chrétien avoit droit de défier cet ennemi de notre salut, & lui imposer silence. Il suffisoit, dit S. Athanase, de nommer seulement Jésus-Christ, pour voir sur le champ le Démon prendre la fuite, l'art de deviner cesser, &

III. Partie.   R

toute la magie & les enchanteurs difparoître : on étoit perfuadé qu'il n'y
avoit rien de fi limité que le pouvoir
diabolique ; & que cet efprit pervers
ne peut rien faire que par des moyens
naturels, & qu'il n'a aucun pouvoir de
s'écarter des loix que le Créateur a
immuablement établies. Voilà la doctrine de l'Ecriture & de la Tradition.
Elle eft auffi conforme à la faine raifon. Que peut-on répliquer contre un
fyftême appuyé fur de tels principes ?
Comment Rouffeau ofera-t-il encore
nous dire que dans la Religion Chrétienne, il faut prouver les miracles
opérés en fa faveur par la doctrine, *de
peur de prendre l'œuvre du Démon pour
l'œuvre de Dieu ?* Nous venons de
voir le perfonnage que les Démons
ont fait dans la Religion Chrétienne ;
nous venons d'entendre les témoignages qu'ils ont été forcés de lui rendre

dre , témoignages si décisifs , qu'ils
forçoient les Payens mêmes d'abandonner les Démons pour embrasser
la Religion Chrétienne. De quelque
côté que nous envisagions cette Religion , tout nous crie qu'elle est la ruine & le fléau des Démons ; qu'à son
établissement , toute leur puissance a
été abattue & écrasée , toutes leurs
illusions découvertes & manifestées ,
tous les vains prestiges dont ils se ser-
voient pour tromper & séduire les
hommes , dissipés & confondus. Julien
reconnoît que depuis la venue de Jesus-Christ , les Oracles ont céssé &
sont devenus muets. Avant lui , Porphyre s'écrie : Faut-il s'étonner si cette Ville est affligée d'une si longue
maladie , puisque Esculape & les autres Dieux se sont retirés du commer-
ce des hommes ? Depuis que Jesus a
commencé d'être adoré , personne ne

reſſent plus les effets de leur protection. Et l'Incrédule vient encore nous
dire : Il faut craindre ici de prendre
l'œuvre du Démon pour celle de Dieu.
Depuis quand donc cet eſprit de malice, ſi ruſé & ſi prudent, s'eſt-il
ſoulevé contre lui-même ? Par quel
changement inoui auroit-il travaillé
à la deſtruction d'un empire qui faiſoit ſes délices , d'un culte qu'il avoit
pris tant de ſoin à étendre & à affer-
mir ? Le Démon devenu Chrétien !
quel phénomene ! quel prodige ! Quel
eſt l'Incrédule qui pourroit tenir contre un pareil miracle ?

Puiſque l'Incrédule, qui ne cherche que des défaites pour ſe débar-
raſſer de la force des preuves de notre Religion, nous renvoie encore à
la diſcuſſion de la doctrine, pour juger de la fin de nos miracles & de
leur principe, nous le ſuivrons en-

core dans ce foible retranchement ;
nous lui montrerons, par l'expofé de
cette doctrine que nous aurons lieu
de lui faire dans la fuite, & par les
éloges qu'il en fait lui-même, combien elle eft pure, fainte, convenable à l'homme & digne de Dieu.
Nous confentirons volontiers qu'on
juge de la qualité de nos miracles par
leurs fruits & les effets qu'ils ont pro-
duits. Nous demanderons à Rouffeau,
comme faifoit Origene à Celfe ; car les
objections de nos Incrédules font de
vieille date & furannées, nous lui demanderons comment on peut douter
que les miracles qui tendent à faire
connoître Dieu aux hommes, à régler leur vie & leurs mœurs, aient
une origine divine. Qui ofera dire
que la fourberie eft le principe de ce
qui n'a pour but que de corriger les
vices & de guérir la corruption des

hommes ? Comment attribuer aux ar-
tifices de la magie, aux prestiges de
l'Enfer, des miracles opérés pour former un peuple ; qui rejettant le culte des Idoles, n'adore que le seul
vrai Dieu ; qui, méprisant tous les
objets créés, n'a d'autres désirs que
de lui plaire en tout, & de s'unir
à lui de toute la plénitude de son
cœur ?

Voilà les étranges absurdités, les
impiétés si révoltantes que l'Incrédule
est obligé d'enfanter pour soutenir ses
déplorables égaremens. Ce seul argument suffiroit pour le persuader ou le
confondre : ou la Religion Chrétienne
a Dieu pour auteur, ou elle est une
œuvre du Démon ; il n'y a pas de
milieu, il faut se ranger dans l'un des
deux partis : or tout ce que nous venons de dire démontre invinciblement que le Diable ne peut être le

principe de la Religion Chrétienne ,
puifqu'elle n'eft deftinée dans toutes
fes parties qu'à ruiner fon ouvrage ; il
faut donc conclure qu'elle eft fortie
de Dieu , qu'elle eft une émanation
de fa fageffe & de fa bonté , puifqu'elle en porte tous les caractères.

Continuons de difcuter les beaux
raifonnemens de Rouffeau. Après
avoir tâché d'ébranler & de détruire
toute l'autorité des miracles , il pourfuit : » Quand donc les Payens met-
» toient à mort les Apôtres (*a*) leur
» annonçant un Dieu étranger , &
» prouvant leur miffion par des prédi-
» ctions & des miracles , je ne vois
» pas ce qu'on avoit à leur objecter
» de folide , qu'ils ne puffent à l'in-
» ftant rétorquer contre nous ». Nous
avons déja fait fentir tout l'odieux
d'une pareille propofition. Appeller un

(*a*) *Tom.* 3 , p. 147.

R iv

Dieu étranger , l'Eternel , le feul vrai
Dieu , celui dont les Idoles avoient
ufurpé la gloire & le nom , quel fatal
aveuglement ! Ofer prétendre que ,
quand les Payens mettoient à mort
les Apôtres , qui prouvoient leur miffion par des prédictions & des miracles , on ne voit pas ce qu'on avoit à
leur objecter de folide , qu'ils ne puffent à l'inftant rétorquer ; quelle mauvaife foi ou quelle ignorance ! Les
Payens , plus éclairés & plus fincères
que Rouffeau , ont bien fenti qu'ils
n'avoient rien de folide à oppofer à
des preuves fi convaincantes. L'idolatrie , confondue par leur éclat , a
vu tous fes efforts fe brifer contre un
rempart fi folide : mais l'Incrédule ,
dont les inclinations s'accorderoient
mieux avec l'idolatrie qu'avec la Religion Chrétienne , ne voit qu'avec un
fecret dépit celle-ci s'élever fur les

débris de l'autre , & il n'eût pas tenu
à lui que les Payens n'euſſent exter-
miné tous les Chrétiens. Nous avons
déja démontré combien il étoit juſte &
raiſonnable de ſe rendre à l'autorité des
miracles des Apôtres : nous avons vu
que , pour s'y ſoumettre , il ſuffiſoit
de conſulter le ſentiment naturel gravé dans le cœur de tous les hommes ,
& de lui être fidèle : c'eſt auſſi ce
qu'ont fait les Payens , & ce qui les
a rendus Chrétiens : nous verrons
dans la ſuite quelle force les prophéties
ajoutoient à une preuve déja ſi triom-
phante.

Convient - il à Rouſſeau de nous
dire : „ Or que faire en pareil cas ?
„ Une ſeule choſe (a) : revenir au rai-
„ ſonnement , & laiſſer - là les mira-
„ cles „. Eh quoi! n'eſt-ce pas le raiſonnement qui nous porte à ſuivre

(a) *Ibid. p.* 141.

l'autorité des miracles ? N'eſt-ce pas
lui qui nous dicte qu'ils ſont la voix
de Dieu , le langage dont il ſe ſert
pour intimer ſa volonté aux hommes ,
& qu'on ne peut les rejetter ſans combattre Dieu même ? Les miracles ne
ſont ils pas une voie infiniment plus
ſûre que tous les raiſonnemens , qui
ſouvent , par leurs illuſions & leurs
fauſſes apparences , nous trompent &
nous égarent ? Mais les vrais miracles étant , comme nous l'avons démontré , le témoignage de Dieu même , les lettres de créance qu'il donne
à ſes Envoyés ; & Dieu ne pouvant
nous tromper , ſes miracles auſſi ne
peuvent nous induire en erreur.

La raiſon nous apprend que l'homme doit toujours ſe conduire & ſe
déterminer par la plus grande lumière : or la lumière des miracles eſt ſu-
périeure à celle de la raiſon , puiſque

ç'eſt une lumière divine. Il eſt donc conforme à la raiſon de l'oublier avec tous ſes raiſonnemens , pour ſe rendre à l'autorité des miracles. Voilà ce qui eſt *du bon ſens le plus ſimple* , que l'Incrédule *n'obſcurcit qu'à force* de vains ſophiſmes & *de diſtinctions tout au moins très-ſubtiles.* Ce n'eſt , comme nous venons de le faire voir , qu'en obſcurciſſant les lumières naturelles du bon ſens , que Rouſſeau pourra perſuader qu'*il eût mieux valu ne pas recourir aux miracles.*

Au lieu de s'égarer dans de vains raiſonnemens , au lieu de ſe livrer à une raiſon qui nous en impoſe ſi ſouvent , il n'eſt ici queſtion que d'examiner des faits ſur leſquels tous les hommes ont des principes infaillibles de diſcernement. La preuve des miracles entrant dans l'ordre des faits , elle eſt capable d'une certitude & d'u-

ne évidence entière. C'est la raison
& le bon sens qui nous obligent de
nous y soumettre. Cette preuve, aussi-
bien établie qu'elle l'est, doit suffire
pour convaincre tout esprit raisonna-
ble, & faire sentir à l'Incrédule que
tous ses raisonnemens l'ont trompé jusqu'ici, quand même il ne pourroit en
découvrir le défaut.

Tandis que Rousseau ne cherche
qu'à tout brouiller par ses vaines subtilités, qu'il en est seul coupable ; il
prétend encore les rejetter sur le Christianisme. Il venoit de dire, que laif-
ser les miracles pour revenir au raisonnement, étoit du bon sens le plus simple, qu'on n'obscurcissoit qu'à force de
subtilités ; il s'écrie ensuite : » Des
» subtilités dans le Christianisme !
» mais Jesus-Christ (*a*) a donc eu
» tort de promettre le Royaume des

(*a*) *Tom. III, p.* 147.

» Cieux aux fimples ; il a donc eu
» tort de commencer le plus beau
» de fes difcours par féliciter les pau-
» vres d'efprit ; s'il faut tant d'efprit
» pour entendre fa doctrine & pour ap-
» prendre à croire en lui ? Quand vous
» m'aurez prouvé que je dois me fou-
» mettre , tout ira fort bien : mais
» pour me prouver cela , mettez-vous
» à ma portée , mefurez vos raifon-
» nemens à la capacité d'un pauvre
» d'efprit , ou je ne reconnois plus
» en vous le vrai Difciple de votre
» Maître , & ce n'eft pas fa doctrine
» que vous m'annoncez «. On voit
bien ici la malice artificieufe de Rouffeau. Il cherche à mettre Jefus-Chrift
en contradiction avec lui-même , comme ayant promis aux fimples ce que
les moyens qu'il leur offre ne peuvent
leur procurer. Mais c'eft précifément
parce qu'il n'y a point de fubtilité

dans le Chriſtianiſme; c’eſt parce que les ſimples doivent avoir part aux promeſſes de Jeſus Chriſt, qu’il faut laiſſer-là les raiſonnemens & revenir aux miracles. C’eſt vraiment par une telle voie que Dieu ſe met à la portée de tout le monde, qu’il ſe meſure à la capacité d’un pauvre d’eſprit, & qu’il acquitte la promeſſe qu’il lui a faite. Ce ſimple, ce pauvre d’eſprit eſt, par ce moyen, mis de niveau avec le ſçavant & l’homme d’eſprit. La Religion Chrétienne étant établie ſur des preuves ſenſibles & palpables, tous peuvent ſans peine & ſans effort, la reconnoître aux traits ſi lumineux qui la caractériſent. Un pareil examen ne demande qu’un cœur qui cherche ſincèrement la vérité. Mais comment Jeſus-Chriſt auroit-il pu promettre aux ſimples le Royaume des Cieux, s’il leur falloit laiſſer les

miracles pour revenir au raisonnement ? C'est alors que le simple auroit raison de lui dire : Mettez - vous
à ma portée, mesurez-vous à la capacité d'un pauvre d'esprit. Vous vou-
lez que j'examine vôtre doctrine par
des raisonnemens ; est-ce-là cette voie
facile & aisée que vous m'avez promise pour arriver au salut ? Et c'est
ici que la Religion Chrétienne brille
avec un nouvel éclat. C'est ici qu'elle
fait admirer la sagesse de son œconomie
& de ses proportions , en confondant
la témérité de l'Incrédule.

La vraie Religion doit être commune à tous ; nul n'en doit être ex-
clus. Celle qui propose des moyens
qui ne peuvent convenir tout au plus
qu'à un petit nombre , ne sçauroit
être la vraie Religion ; elle est indigne de Dieu, parce qu'elle ne porte
point les caractères de sa bonté & de

ſa ſageſſe. Or une Religion qui ne ſe‑
roit fondée que ſur des raiſonnemens,
qui exigeroit de longues diſcuſſions ,
ne ſeroit point à la portée des ſimples
& des ignorans.

En effet , quelles reſſources ces ſim‑
ples & ces ignorans auroient-ils , s’ils
n’avoient d’autres guides que le rai‑
ſonnement pour les conduire au ſa‑
lut ? Pourroient-ils trouver dans leur
propre fond de quoi s’élever & attein‑
dre aux vérités céleſtes ? Pourroient‑
ils s’ouvrir ſeuls une voie pour mar‑
cher ſûrement dans une carrière ſi
difficile & ſi épineuſe ? Que deviendra
l’Artiſan qui ne vit que de ſon tra‑
vail , le Laboureur qui ſçait à peine
lire , l’infirme que le poids de la ma‑
ladie met hors d’état de méditer , ré‑
fléchir , examiner ? Que feront tant
d’hommes que l’accablement de mille
ſoins & de mille néceſſités temporel‑

les occupe prefque tout entiers? comment pourront - ils trouver le temps néceffaire pour difcuter tous les points de la Religion ? De quel raifonnement feront capables tant d'efprits fi étroits & fi bornés, qu'à peine peuvent-ils concevoir les chofes les plus aifées ? Si le raifonnement de chaque particulier doit être feul juge des matières de la Religion, c'eft bien alors qu'il faudra dire : » Adieu les mé-
» tiers, les arts, les fciences humai-
» nes, & toutes les occupations ci-
» viles ; il ne peut plus y avoir d'au-
» tre étude que celle de la Religion :
» à grand peine celui qui aura joui de
» la fanté la plus robufte, le mieux
» employé fon temps, le mieux ufé
» de fa raifon, vécu le plus d'années,
» faura-t-il dans fa vieilleffe à quoi
» s'en tenir, & ce fera beaucoup
» s'il apprend avant fa mort dans

» quel culte il auroit dû vivre «.

Que ferons-nous donc de tous ces simples, & de tant de perfonnes incapables d'études & de recherches? N'ont-ils pas autant de droit aux biens de la Religion, que les fçavans & les gens d'efprit? Faudra-t-il les en exclure, parce qu'ils font nés avec une raifon plus foible, moins pénétrante, & privés des moyens néceffaires pour être cultivée? Faudra-t-il les abandonner à leurs ténèbres & à leur incapacité? N'étoit-il pas au contraire bien digne de la bonté de Dieu, de les dédommager, en leur fourniffant des moyens propres à fuppléer à leur foibleffe & à leur impuiffance? Mais quels feront-ils? Sera-ce de puifer dans la raifon des autres, ce que la leur ne leur fournit pas? Si tel eft le moyen que la Providence a ménagé aux fimples, dès-lors la raifon

fe trouve ramenée à l'autorité ; & ,
après avoir rejetté une autorité auffi
légitime que celle de l'Eglife , auffi-
bien fondée , auffi proportionnée à
tous , on y fubftituera l'autorité de
quelques Maîtres particuliers qui, comme Rouffeau à l'égard de fon Emile ,
fe croiront en droit de foumettre à
leur raifon celle de leurs élèves : reffource plus funefte & plus dangereufe
encore , que le mal dont elle feroit le
reméde. Par-là les petits & les fimples
deviendroient bien-tôt les triftes vi-
ctimes d'une raifon étrangère & orgueilleufe. Obligés de s'abandonner
aveuglément aux foibles lueurs d'une
raifon fi fouvent fauffe & trompeufe ,
dans combien d'écarts & d'égaremens
ne fe précipiteroient-ils pas ? Incapables de difcerner par eux - mêmes le
vrai du faux , ils ne pourroient que
former leur jugement fur celui des au-

tres, adopter également l'erreur &
la vérité, en un mot, devenir le jouet
perpétuel de l'inconstance & de la légéreté du raisonnement humain.

Au milieu du cahos & de la confusion de tant d'idées & d'opinions si
differentes & si contraires, comment
pourroient-ils même se déterminer à
croire quelque chose ? Hors d'état de
peser par eux-mêmes & de juger de la
solidité des raisons qui appuient chaque sentiment, pourquoi embrasse-
roient-ils l'un plutôt que l'autre? N'auroient-ils pas droit de se méfier de
tous également ? Le meilleur usage
qu'ils pussent faire de leur raison, seroit donc de ne rien croire, & de re-
ster dans une affreuse incertitude sur
les points les plus essentiels & les plus
importans.

Voilà où conduit nécessairement
l'horrible témérité de l'Incrédule ; voi-

là la triste situation où elle réduit les trois quarts des mortels ; & dans quels excès, si elle étoit suivie, n'entraîne-roit-elle pas ceux - mêmes qui se piquent le plus d'esprit & de raisonne-ment ? Qu'ils seroient aveugles, s'ils s'imaginoient avec Rousseau, que la raison seule leur suffit pour pénétrer & comprendre les plus grands objets auxquels l'homme est destiné ? Quelle que puisse être la grandeur & l'élé-vation de leur esprit, si Dieu ne les aide & ne les éclaire, ils ne feront jamais que ramper : *Cujusmodi libet excellant ingenio, nisi Deus adsit, hu-mi repunt.* Augustinus. Nous l'avons déja fait voir par une expérience de quatre mille ans d'erreurs & d'égare-mens, qui a dû convaincre l'homme de l'insuffisance de sa raison. De quel œil pourrions nous ensuite regarder l'Incrédule qui veut encore nous ramener à la raison ? Ses promesses peuvent flatter notre orgueil ; mais malheur à ceux qui , sans connoître leur infirmité , sans consulter leur foiblesse , se livrent follement aux discours de ces hommes trompeurs. Ils nous offrent, comme un remede à nos maux, un poison mortel qui n'est propre qu'à les augmenter & les rendre presque incurables.

Mais quelle sagesse va nous montrer la Religion Chrétienne par opposition à la folie de l'incrédulité ! Quelle admirable proportion dans toutes ses parties avec l'état & les besoins de tous en général & de chacun en particulier ! Elle n'exclut personne, elle fournit à tous un chemin court & facile pour arriver à une entière connoissance des vérités qu'elle professe. Avec Jesus-Christ son Maître & son Chef, elle appelle les jeunes gens comme les vieillards, elle n’excepte ni les Artifans ni les Laboureurs. Tous ceux qui défirent fe défaltérer à la fontaine du falut, quelque ignorans qu’ils foient, quelque occupés qu’ils puiffent être aux travaux de la vie, quelque foibles qu’ils fe trouvent par leur âge, leur fexe, leurs maladies, tous fans exception font reçus & admis dans fon fein. Elle procure à tous des moyens fuffifans pour s’inftruire des vérités du falut : elle ne met à cet égard aucune différence entre les nobles & les roturiers, le pauvre & le riche, le fimple & le fçavant : *Venez à moi*, dit Jefus - Chrift fon Maître, *vous tous qui êtes fatigués & accablés, & je vous foulagerai. Venez, vous tous qui avez foif, & je vous défaltérerai.* Et voici comment Jefus-Chrift exécute cette grande promeffe.

Rien n'eſt plus propre pour attirer les hommes, que l'autorité & la
force des miracles ; nous en avons
déja vu les preuves. Rien auſſi n'eſt
plus à la portée des ſimples & des
moins intelligens que ce qui tombe
ſous les ſens & n'a beſoin que de
cet examen groſſier pour être cru :
les merveilles qui ont pour objet le
bien & le ſoulagement des ſpecta-
teurs, ſont encore plus propres à ga-
gner leur eſprit & leur cœur. De
l'admiration ils paſſent à la reconnoiſſance, & de la reconnoiſſance à l'attachement le plus tendre & le plus
vif. C'eſt auſſi ſur ces principes ſi naturels, que Jeſus-Chriſt régle ſa conduite. A peine ſe manifeſte-t-il aux
hommes, qu'il remplit tous les lieux
par où il paſſe des marques de ſa
puiſſance & de ſa bonté : chaque jour
il opère de nouveaux miracles, il fait

de nouvelles guérifons plus éclatantes les unes que les autres : par cette autorité divine, la Sageffe éternelle attiroit à elle les ames égarées, pour les inftruire & les éclairer. Auffi la multitude accourt en foule : mais le moment n'étoit pas encore venu de fixer conftamment leur cœur ; il falloit auparavant que Jefus-Chrift fût élevé en croix.

Après fa réfurrection, il envoie fes Apôtres par toute la terre ; ils retracent toutes les merveilles de leur Maître ; ils confirment tout ce qu'ils difent par l'autorité des mêmes prodiges : ce qu'on leur voit faire eft un fûr garant de la vérité de ce qu'ils publient des actions, de la doctrine & de la perfonne de Jefus-Chrift : on les écoute de tout côté ; on les fuit de toute part ; on embraffe par-tout la Religion, la foi & la doctrine qu'ils prêchent.

C'est par de tels moyens que Jefus-Chrift a formé fon Eglife. Les miracles de toute efpèce que lui & fes Apôtres ont opérés, lui ont acquis toute l'autorité néceffaire. Cette autorité ainfi établie, a mérité qu'on ajoutât une pleine foi à tout ce qu'il avoit dit ou faifoit encore dire : cette foi a raffemblé & réuni dans un feul corps de Religion une multitude de peuples. Par cette multitude il a procuré à fa Religion une antiquité & une force qui la rendent fupérieure & invincible à tous les traits de l'erreur & de l'incrédulité : par cette affemblée fi nombreufe & fi refpectable, il a pourvu fon Eglife de l'autorité la plus éminente qui foit fur la terre : autorité qui réunit en elle toute l'autorité humaine avec la divine : le poids, l'étendue, la perpétuité, l'éclat d'une fi grande Société lui affure toute l'au-

rorité humaine qu'on peut défirer.
Les promeſſes que Jeſus-Chriſt lui a
faites, fondées ſur les miracles opérés pour en confirmer la vérité, établiſſent l'autorité divine qu'elle a reçue. Par la première autorité, elle
nous garantit la certitude de tous les
faits qui conſtatent ſon autorité divine; & tous ces faits nous garan-
tiſſent à leur tour la vérité de l'autorité
infaillible qui lui eſt promiſe & qu'elle
s'attribue.

Jeſus – Chriſt a encore muni ſon
Egliſe d'une abondance de preuves
& de raiſons victorieuſes par le mini-
ſtère de tant d'hommes célébres, di-
ſtingués par leur ſcience & leur piété,
qu'il a renfermés dans ſon ſein. Ainſi
le comble de l'autorité & toutes les
lumières de la raiſon ſe trouvent réu-
nies dans cette Société pour éclairer &
conduire le genre-humain. Dans cette

fortereſſe de vérité , cette citadelle
d'autorité , les ſimples ſont en ſûre-
té , les petits & les humbles ſe mettent à couvert dans cet azyle , & ſe
fortifient comme dans un nid , avant
qu'ils aient des aîles pour s'élever à
la connoiſſance des myſtères de la Foi.
Après qu'ils s'y ſont réfugiés , on emploie pour leur défenſe toute la force
des raiſons contre ces hommes qui ont
la témérité d'accuſer leur conduite ,
& de la décrier comme contraire aux
lumières de la raiſon,

  Y avoit-il rien de plus proportionné à tous les eſprits qu'une pareille
voie ? Elle les délivre de ces longues
diſcuſſions , de ce travail ſi pénible
dont ils auroient eu beſoin , & dont
cependant preſque perſonne n'eſt ſuſ-
ceptible : elle ſupplée à la foibleſſe de
nos lumières , elle en prévient les égaremens , en nous fourniſſant la lu-

mière la plus sûre pour nous conduire au milieu de nos ténèbres. C'eſt
la voie abrégée, mais qui contient toutes les autres : *Autoritati credere, ma-*
gnum compendium & nullus labor. Aug.
Jamais, ſans ce ſecours, les hommes
n'euſſent été capables de parvenir à
la connoiſſance des vérités céleſtes :
jamais, ſans ce dégré ferme & ſolide, ils n'euſſent pu s'élever juſqu'à
Dieu.

Les ténèbres & l'inſuffiſance de notre raiſon nous conduiſent donc né-
ceſſairement à la voie de l'autorité :
car tout homme qui ne peut ſçavoir
& apprendre par lui-même les vérités
qui lui ſont eſſentielles, doit abſolu-
ment avoir recours à une autorité qui
ſupplée à ſon impuiſſance. Dans cette
ſituation, il eſt clair que le meilleur uſage que l'homme puiſſe faire
de ſa raiſon, eſt de la ſoumettre à la

plus grande autorité qui soit au monde, & qui a toutes les marques de
l'affiſtance & de la protection divine.
Y a-t-il rien de plus ſage, de plus
prudent qu'une pareille conduite ?
Elle eſt conforme aux lumières de la
raiſon, puiſqu'elle ne ſe ſoumet qu'à
une autorité qui a tous les caractères
de vérité capables de mériter une entière confiance.

Rien n'eſt même plus propre à lui
mériter cette confiance & à lui ga-
gner les cœurs, que la manière dont
elle ſe propoſe d'inſtruire ceux qui s'a-
dreſſent à elle. Tous les autres font
grand bruit de la raiſon, promettent
de tout trouver par ſon ſecours,
& ne conduiſent qu'à des précipi-
ces : mais elle au contraire n'en-
tend pas délivrer les hommes de
leurs erreurs & de leurs ténèbres en
leur preſcrivant un examen philoſo-

phique des vérités qu'elle propofe;
elle exige feulement la foi des vérités qu'elle commande de croire,
après les avoir elle-même reçues &
adoptées. Ainfi elle ufe, pour inftruire fes enfans, d'une autorité toujours
vivante, qui les empêche de s'égarer dans de vains raifonnemens, &
qui eft feule capable de les unir rai-
fonnablement dans un même corps de
Religion. Dans cet état, les fimples
fe contentent de fçavoir les vérités que
l'Eglife leur préfente, & de s'en nourrir. Ceux à qui Dieu a donné plus de
lumières & de moyens pour s'appli-
quer à la méditation de ces vérités,
s'y appliquent fans fe départir d'une
jufte foumiffion qui leur fert même
de guide & de flambeau. Cette étude
leur fait fentir de plus en plus la néceffité de la voie qu'ils ont prife : leur
humble déférence eft récompenfée

par un accroiſſement de lumière , qui
change leur ſoible intelligence & leur
ſoumiſſion en clarté.

Il eſt vrai qu'il faut des marques
pour diſtinguer la *Société* à qui appartient uniquement une ſi grande autorité : mais combien de traits éclatans
l'Egliſe Catholique ne fournit-elle pas
pour ſe faire reconnoître parmi toutes ces Sectes qui ont oſé uſurper ſon
nom !

La *Société* à qui ſeule appartiennent
les promeſſes de Jeſus-Chriſt & l'autorité qu'elles lui aſſurent, eſt celle
ſans doute qui, par ſa ſucceſſion non
interrompue, remonte juſqu'à Jeſus-
Chriſt & ſes Apôtres : c'eſt celle qui
tient à ces premières ſources de la
révélation, & qui en deſcend par une
continuité qui n'a jamais ſouffert la
moindre atteinte. Or il eſt viſible que
l'Egliſe Catholique eſt la ſeule qui
réuniſſe

réuniſſe tous ces titres. Elle ſeule peut ſe dire l'Egliſe fondée par Jeſus-Chriſt & ſes Apôtres, puiſqu'il n'y a qu'elle qui ait toujours ſubſiſté ſans la moindre interruption. Elle ſeule peut montrer une longue ſuite de Paſteurs & de Miniſtres qui, remontant juſqu'aux Apôtres, en deviennent les ſucceſſeurs & les repréſentans. Par-là, l'Egliſe, dont ils ſont les chefs, eſt la même que les Apôtres ont fondée, celle qui a été établie la dépoſitaire de la révélation, & à laquelle Jeſus-Chriſt a communiqué ſon autorité pour la conſervation du dépôt. L'Egliſe Catholique eſt donc la ſeule qui ſoit en poſſeſſion de cette autorité : nulle autre qu'elle ne peut produire en ſa faveur le conſentement des Peuples & des Nations : elle le revendique avec raiſon, en deſcendant depuis les premiers ſiécles juſqu'à nos

Partie II.   T

jours, parce qu'elle feule eft liée de communion avec tous ces Peuples & ces Nations.

L'autorité des miracles lui donne encore un nouvel éclat, & fert à la faire diftinguer de toutes les autres Communions. Il ne s'en eft jamais opéré qu'en fa faveur ; dans tous les tems elle a pu en produire : Dieu, toujours attentif à fes befoins & fidèle à fes promeffes, n'a ceffé d'en opérer dans fon unité, tantôt par le miniftère de ceux qui vivoient dans fon fein, tantôt par l'entremife de ceux qui étoient morts dans fa communion. Ainfi les miracles faits pour fon établiffement, unis à ceux que Dieu a faits pour fon accroiffement & fa confervation, forment feuls un caractère qui fuffiroit pour lui affurer la qualité d'Eglife de Jefus-Chrift.

La fainteté des mœurs, qui a tou-

jours brillé dans un grand nombre de
ses enfans de tous les ordres & de
tous les états, ne contribue pas moins
à la faire reconnoître. Les exemples
de vertu & de sainteté qu'elle a four-
nis dans tous les temps, nous assu-
rent qu'elle est cette Eglise à qui Jesus-Christ est venu communiquer son
Esprit pour la purifier & la sancti-
fier.

Outre son antiquité, sa sainteté &
son unité, son nom seul de Catholique, marque sa dignité & son émi-
nence sur toutes les autres Assemblées. C'est un principe certain, qu'il
suffit, pour connoître la véritable
Eglise, de sçavoir qu'elle est celle qui
a le plus d'étendue. C'est par sa catholicité, que l'Eglise de Jesus-Christ
est devenue aussi visible qu'une Ville
bâtie sur la montagne, & qu'elle a
reçu l'accomplissement des promesses

T ij

faites à son Chef, de lui donner toutes les Nations pour son héritage. C'est aussi par la catholicité, que l'Eglise de Jesus-Christ a été distinguée dans tous les tems. Or cette catholicité convient encore à la Société qui porte le nom d'*Eglise Catholique* : ce nom & la chose qu'il signifie, lui sont tellement propres, que quoique les Hérétiques voulussent être appellés de ce nom ; néanmoins si un étranger leur demande où s'assemble l'Eglise Catholique, il n'y en a pas un qui montre son temple ou sa maison. La raison en est claire ! il est trop visible que cette qualité ne convient réellement qu'à l'Eglise qu'on nomme *Catholique* ; elle seule est plus répandue, plus considérable, plus éclatante que toutes les autres Sociétés prises à part ; elle a donc des caractères de vérité & de divinité, que toutes les Sectes ne

fçauroient s'approprier. Elle eſt Catholique & univerſelle ; elle embraſſe
tous les temps ; elle s'étend de tous
côtés ; elle eſt Apoſtolique : la ſuite ,
la ſucceſſion , la chaire de l'unité ,
l'autorité primitive lui appartiennent.
Tous ceux qui l'ont quittée , l'avoient
d'abord reconnue pour leur véritable
mère ; jamais ils ne pourroient effacer le caractère de leur nouveauté ,
ni celui de leur rébellion. Il y aura
toujours un fait malheureux pour eux
qu'ils ne pourront couvrir , c'eſt celui
de leur nouveauté. Il paroîtra toujours
aux yeux de tout l'Univers , qu'eux &
la Secte qu'ils ont établie, s'eſt déta-
chée de ce grand corps & de cette
Egliſe ancienne que Jeſus - Chriſt a
fondée. Le moment de leur ſépara-
tion ſera toujours ſi conſtant , qu'ils
ne pourront le défavouer , & qu'ils
n'oſeront ſeulement tenter de ſe faire

T iij

venir de la source primitive par une
suite qu'on n'ait jamais vu s'interrompre. Toutes ces Sectes n'ont, pour
ainsi dire, paru que d'hier ; & le nom
de leur Auteur qu'elles sont obligées
de porter, montre le principe & la
nouveauté de leur origine. C'est le
foible inévitable de toutes les Sectes
que les hommes ont établies ; elles ne
sçauroient se donner des prédéces-
seurs ; la seule Eglise Catholique remplit tous les siécles précédens par une
suite qui ne lui peut être contestée.
Aussi toutes ces Sectes ne prétendent-
elles point à l'autorité que s'attribue
à si juste titre l'Eglise Catholique ;
elles y renoncent, & s'en excluent
elles - mêmes, en ne promettant à
leurs Disciples que la lumière de la
raison & la voie de l'examen pour
les faire arriver aux vérités de la
Religion ; moyens dont l'inutilité

fuffiroit feule pour prouver que toutes ces Sectes ne font point l'Eglife
de Jefus-Chrift , & pour les faire rejetter fans aucune autre difcuffion.

Peut on enfuite héfiter de prendre
pour fa lumière & pour fon guide une
autorité fi bien fondée que l'Eglife
Catholique , toujours victorieufe de
toutes les erreurs & de toutes les Sectes qui ont tenté de la détruire ? Les
œuvres des hommes ont péri malgré l'Enfer qui les foutenoit , toutes,
ces branches féparées fe font féchées
à mefure qu'elles ont quitté le tronc
qui leur communiquoit fa féve ; mais
l'Eglife , toujours rriomphante , a
pouffé par d'autres endroits pour réparer fes pertes. Celui qui la protege
& la gouverne, ne l'a laiffé paffer par
tant de périls & de contradictions ,
que pour mieux faire éclater la force
de fon bras & la vérité de fes pro-

T iv

meſſes. Peut-on faire un meilleur uſage de ſa raiſon, que d'emprunter les lumières de cette grande Société dans le diſcernement des vérités de la Religion ? Ne doit-on pas ſe regarder mille fois plus aſſuré en les ſuivant, que ſi l'on s'abandonnoit aux foibles efforts d'une miſérable raiſon ? L'étude de la Religion eſt ſans doute l'action la plus grande, la plus importante & la plus difficile de la vie ; elle demande la plus grande & la plus ſûre lumière que les hommes puiſſent avoir : ceux qui ſont ſincèrement occupés à cette recherche, doivent deſirer de réunir en eux, s'il eſt poſſible, toutes les lumières d'un chacun : or c'eſt l'avantage que nous procure la voie de cette autorité ; elle prête & communique aux plus ſimples & aux moins éclairés des Chrétiens, la plus ſûre & la plus grande lumière qui ſoit au monde , qui est celle de toute l'Eglise Catholique : & par-là ces simples se trouvent beaucoup au - dessus de ceux qui veulent se conduire par la seule lumière de leur esprit. Arrive-t-il des doutes & des disputes sur quelques points ? l'Eglise alors consulte sa tradition & tous les monumens de sa Foi : les simples , hors d'état d'examiner par eux-mêmes , le font beaucoup plus sûrement en s'appuyant sur le témoignage de l'Eglise.

Voilà les moyens que la bonté & la sagesse divine nous ont ménagés pour nous délivrer de ces terribles incertitudes où notre esprit , laissé à lui-même , ne peut manquer de tomber. Nous trouvons dans cette voie d'autorité , l'appui le plus solide pour fixer la légéreté & l'inconstance de notre esprit , pour dissiper nos ténèbres & nous préserver des écueils qui nous menacent de toutes parts : sa force soutient notre foiblesse, sa lumière devient la nôtre. Nous voyons par ses yeux, nous marchons sur ses pas, nous ne nous déchargeons du soin de notre conduite dans des chemins si difficiles, que pour nous reposer entiérement sur la sienne : si nous nous défions de nos propres lumières, c'est avec raison, mais nous n'avons aucun sujet de craindre pour celles de toute l'Eglise à laquelle nous sommes unis : elle a tout ce que nous pouvons désirer pour bannir tous nos doutes, réprimer toutes nos craintes. Pour peu qu'on fasse attention à l'état & à la condition des hommes, pourroit-on ne pas sentir combien cet ordre & ces dispositions de la Religion Chrétienne sont raisonnables & dignes de la sagesse de Dieu? Qui ne voit combien elles sont nécessaires pour unir les hommes, entretenir la paix & la concorde parmi eux ? Pour le mieux comprendre, qu'on envifage la Religion abandonnée aux lumières & à la raifon des particuliers : chacun dès-lors prétendra mieux raifonner que les autres, avoir plus de lumières, être plus éclairé ; perfonne ne fera obligé ni ne voudra fe foumettre à la raifon des autres, tous auront droit de s'en méfier : ainfi l'on verra bien-tôt dans le monde autant de cultes & de Religions, que de raifonnemens différens.

Il en feroit à peu près de même, fi Dieu, donnant fa révélation aux hommes, ne l'eût confiée qu'à chacun en particulier : tous ces particuliers expliqueroient & interpréteroient la révélation felon leurs caprices, leurs paffions & leurs intérêts. Si, dans un Etat, les Loix étoient livrées aux in-

terprétations des particuliers, il en ré-
fulteroit un défordre univerfel dans la
Société : de même, fi la révélation
étoit abandonnée aux idées d'un chacun, il en naîtroit la plus horrible
confufion dans les chofes de la Religion ; chacun prétendroit avoir la révélation pour foi, ou en fuppoferoit
une contraire à celle des autres ; nul
n'auroit droit de faire acquiefcer les
autres à la fienne. A quelle marque
diftingueroit-on ces révélations particulières de fes idées propres, & des
fauffes vues de fon efprit ? On ne
cefferoit de prendre pour inftincts divins, les folies & les égaremens de
fon imagination : le monde feroit
plein d'illuminés & de fanatiques,
qui, devenus le jouet de leur orgueil,
porteroient par-tout le trouble & le
défordre : fous prétexte d'établir leurs
révélations controuvées, ils ne cher-

cheroient qu'à faire des adorateurs de leurs illufions, de leurs rêveries, de leurs extravagances, & ne travaille-roient qu'à établir leur propre culte fur les ruines du véritable. Nous n'en avons déja vu que trop d'exemples; & fans remonter fi haut, les fiécles derniers nous en fourniffent de bien déplorables.

Il eft donc clair que l'établiffement de la vraie Religion exige l'établiffe-ment d'une autorité affez forte & affez confidérable, pour pouvoir lier tous les membres dans un même culte & dans une même profeffion des vérités révélées : jamais, fans ce fecours, il ne fçauroit y avoir un corps de Reli-gion fur la terre : *Vera religio fine quodam gravi autoritatis imperio iniri rectè nullo pacto poteft.* Aug. Jamais on ne pourroit former d'Etats & de So-ciétés civiles, fans une autorité & un

tribunal qui inrerprétât les Loix, veillât à leur confervation & à leur exécution, qui terminât les conteftations
& les difputes, & qui maintînt par-
tout la paix & le bon ordre. Il en eft de
même de la vraie Religion : elle imi-
te la nature, l'élève & la confacre.
Il étoit donc néceffaire que Dieu, en
l'établiffant, établît auffi une autorité
qui eût tous les caractères propres à
fe concilier & fe foumettre tous les
efprits. Il falloit, pour parer à tous
les inconvéniens que nous venons de
remarquer, que la Société affemblée
par Dieu en corps de Religion, fût
revetue de toute l'autorité néceffaire
pour juger & décider tous les points
révélés ; que fon jugement eût toute
la force néceffaire pour terminer les
difputes & les différends qui pourroient s'élever. Il falloit, en un mot,
pour prévenir tous les abus, que la

révélation fût confiée à cette autorité ; qu'elle veillât sans cesse à sa conservation ; que son témoignage lui procurât en tout temps une autenticité irrévocable , & que sa décision , toujours irréfragable, en fût l'interpréte fidèle & toujours vivant. Ce n'est que par de tels moyens que la révélation pouvoit être transmise dans toute sa pureté d'âge en âge jusques dans les siécles les plus reculés , & que les hommes pouvoient être retenus dans l'unité d'une même Religion.

Telle est la sage providence de la Religion Chrétienne ; tel est l'ordre admirable qu'elle établit dans le monde , & la conduite pleine de sagesse de Dieu à l'égard des hommes ; telle est la tradition de nos pères , parvenue & gardée de siécle en siécle jusqu'à nous. Vouloir troubler cet ordre , & renverser ces dispositions de la Sageſſe éternelle, c'eſt ouvrir une voie ſacrilége pour arriver à la vraie Religion. Afin de s'en convaincre, qu'on parcoure toutes ces différentes Sectes qui ont eu la témérité de ſecouer le joug ſi légitime de l'autorité, & qui, comme Rouſſeau, n'ont plus voulu avoir que la raiſon pour guide.

A peine ſe font-elles ſéparées de l'Egliſe, où elles avoient pris naiſſance, qu'on les a vu renouveller toutes les erreurs des anciens Philoſophes, & retracer preſque toutes les abominations du Paganiſme. La nature de Dieu, ſes attributs, ſes perfections, ſa providence, les premiers principes des mœurs, tout a été renverſé & confondu par ces injuſtes partiſans de la raiſon humaine. Quelle affreuſe peinture ne pourrions-nous pas faire ici de leurs extravagances, de leurs

contradictions,

Contradictions , de leurs impiétés ? Qui ignore quelles furent les horreurs des Gnostiques , les folies des Valentiniens, le fanatisme des Montanistes , les absurdités des Manichéens ?

Après que toutes ces Sectes ont eu la présomption de se séparer de l'Eglise , en combien de partis différens , distingués par autant d'opinions fausses & impies , chacune de ces Sectes ne s'est-elle pas ensuite divisée d'avec elle-même ? Que de Sectes sont nées d'une seule ! que d'assemblées particulières dans un même schifme ! quelle monstrueuse variété dans leur doctrine ! Le schifme leur tient lieu d'unité ; elles varient à l'infini , sans aucun respect pour leurs propres régles , chacun y tourne à sa fantaisie la doctrine qu'il y a apprise ; & comme celui de qui ils l'ont reçue , l'avoit compofée felon fes caprices , ils s'arrogent à leur tour le droit d'y ajouter ou d'y retrancher comme il leur plaît. Voilà ce qui réfulte néceffairement , dès qu'on ne veut avoir d'autre guide que fa raifon. Tant il eft vrai qu'il n'y a que l'autorité qui puiffe fixer l'inconftance & la légéreté de la raifon humaine , fervir de frein à fes variations continuelles , & qui puiffe , au milieu de tant d'incertitudes & d'écueils , lui frayer une voie fûre pour arriver à la vérité. Elle feule marche tranquille & affurée à travers les flots des opinions humaines : elle eft comme une ancre immobile , qui retient & affermit de toutes parts notre efprit & notre raifon.

A quoi vous expofez-vous donc , ame miférable , foible, & enveloppée des ténèbres de la chair ? A quoi vous engagez-vous , de vouloir vous conduire par vos propres lumières ? Avez-vous penſé à la témérité de votre entreprise ? Avez - vous bien confidéré de quel avantage vous vous privez , en renonçant à l'autorité de l'Egliſe , & à quel péril vous vous expoſez , en vous mettant ſous la conduite de votre propre raiſon ? Combien de perſonnes plus éclairées que vous ſe font-elles perdues en ſuivant indiſcrétement un ſi mauvais guide ? Et comment ne craignez-vous point de vous engager dans une route ſi pleine d'écueils , où vous ne voyez que des débris funeſtes & des marques de nauſrage ?

Si , dans une profeſſion , quelle qu'elle puiſſe être, dans tous les arts & toutes les ſciences , même les plus faciles , les hommes ont beſoin de maîtres & de guides pour en comprendre & pénétrer les objets ; ſi notre feule raifon ne fuffit pas pour y atteindre ; combien moins pourrons-nous, par les feules lumières de cette raifon, nous ouvrir une entrée dans le fanctuaire fi vafte & fi profond des vérités divines ? Une recherche fi difficile, n'exige-t-elle pas encore plus que nous ayons recours à une autorité fûre qui nous montre la voie que nous devons tenir ?

Tout fe fait dans le monde par voie d'autorité ; elle eft la baze, & l'appui de la plûpart des chofes humaines : l'autorité de ceux qui nous ont précédés & des Maîtres que nous avons eus, eft la régle ordinaire que l'on fuit. Tout périroit prefque, fi l'autorité ne fervoit de fuplément à l'infuffifance de notre raifon. Nous n'avons acquis la plus grande partie de nos connoiffances, que par le fecours de l'autorité ; c'eft elle qui

tranfmet les arts & les fciences d'âge
en âge. Y avoit-il donc rien de plus
naturel & de plus conforme à la manière dont les hommes fe compor-
tent dans le cours ordinaire de la
vie, que de confier l'homme à une
autorité qui pût le conduire fûrement dans les chofes de la Religion ;
qui commençât par jetter dans fon efprit & fon cœur les femences fécon-
des des vérités éternelles, pour le préparer à l'intelligence de l'immuable
vérité ?

Puifque tous les hommes reconnoiffent univerfellement la néceffité
d'une autorité pour les chofes d'un
ordre naturel, peut-on raifonnable-
ment la contefter pour celles d'un ordre divin & furnaturel, la connoiffance des premières étant fans contredit
beaucoup plus facile à l'homme que
celle des fecondes ? Peut-on pouffer

l'orgueil & la témérité plus loin , que de prétendre se contenter ici de sa raison , méprifer les Livres faits pour nous inftruire , & refufer d'écouter ceux que Dieu même nous a donnés pour nous les tranfmettre & nous les expliquer ?

Nous avons déja vu que l'autorité eft la feule voie proportionnée à tous les hommes , & la feule conforme à leur foibleffe. Mais elle a encore d'autres avantages : elle fert à les humilier falutairement ; elle les éclaire fans fatisfaire leur orgueil ; elle les dirige fans les rendre préfomptueux. En effet Dieu , par cette admirable voie , couvre fon opération & fa conduite fous des voiles humains & fous les régles ordinaires de la prudence humaine. Il n'y a rien qui paroiffe bien merveilleux , que Dieu préferve d'erreur dans les chofes de la Reli-

gion , une Société qui posséde la plus
éminente autorité qui soit au monde ;
qui dans son examen , suit tout ce
que la raison peut prescrire ; qui ap-
porte tous les soins possibles pour éviter l'erreur ; qui emploie tous les
moyens , toutes les recherches & les
discussions nécessaires pour former un
bon jugement. Le miracle n'est pas
ici visible , il est caché & conforme
à la manière dont Dieu a coutume
d'agir. Mais garantir de l'erreur chaque particulier qui , sans rapport
avec qui que ce soit , pretendroit se
conduire par les seules lumières de
son esprit ; le miracle seroit ici trop
sensible , ou plutôt ce seroit une multitude de miracles qui tendroient à
fomenter l'orgueil & la présomption
des hommes : au lieu de servir à leur
guérison , ils ne feroient qu'augmenter leurs maladies , & en élevant

l'homme , ils le laisseroient retom-
ber dans un abîme plus profond.
Mais par la première voie , tout est
admirablement disposé , tous sont
également éclairés , tous sont mis de
niveau , personne n'a sujet de s'élever , nul ne peut s'attribuer par préférence des lumières qui sont communes à tous ; nul ne peut s'en prévaloir & s'en glorifier , puisqu'il n'y
a rien mis du sien, & qu'il les a puisées
dans la source commune.

La voie de l'autorité est quelque
chose de si naturel à l'homme , de si
convenable à son état présent , que
les Incrédules qui , dans tous les
temps , ont voulu nous la faire mé-
priser & rejetter , pour nous ramener
à la raison , y sont toujours nécessairement revenus. Ce n'a jamais été que
pour la forme, qu'ils se sont flattés de
conduire les hommes à la vérité par la

raifon : mais ils s'y font vus obligés, parce qu'ils fentoient combien ils fe rendroient méprifables, s'ils vouloient difputer avec l'Eglife Catholique par voie d'autorité, en comparant la leur à la fienne. Ils fe font donc efforcés de l'emporter fur cette autorité fi folidement établie, par la vaine & folle promeffe de tout trouver par les lumières de la raifon : mais promeffe de nom & fans effet ; promeffe qui n'a d'autre fin que de faire illufion à ceux qui l'écoutent. Tous ces trompeurs ont bien vîte ramené leurs fectateurs à l'autorité. C'eft fur leur autorité qu'ils leur ont même perfuadé qu'il ne falloit pas fe laiffer conduire par l'autorité. C'eft enfuite par la même autorité qu'ils les ont déterminés à croire certains articles & à en rejetter d'autres. Ainfi, en remontant jufqu'à l'origine de chaque Secte, on

y verra que toutes ne fe font fouftraites
à une autorité fi jufte & fi raifonnable, que pour en fubftituer une auſſi
déraifonnable què téméraire. Ce n'a
été qu'un changement d'autorité ; l'autorité leur a donné naiffance, l'autorité les a formées & foutenues tant
qu'elles ont fubfiflé. Tant il eft vrai
que la voie de l'autorité eft fi naturelle & fi néceffaire à l'homme, que
ceux mêmes qui la rejettent & la
combattent, ne fçauroient s'empêcher
de la fuivre.

Ne diroit-on pas, à entendre nos
Incrédules, que ce font des hommes
qui ne fe conduifent que par les feules lumières de la raifon, & qui ne
reconnoiffent aucune autorité étrangère ? Qu'on les fuive, qu'on les ob-
ferve, l'on verra bien-tôt qu'ils ne
font incrédules que fur l'autorité de
ces difcours impies, prononcés devant

eux d'un ton ferme & décifif, & qui
ont fubjugué leur raifon. Quand ils
nous débitent fièrement qu'il ne faut
point fe livrer à l'autorité humaine,
c'eft un langage qu'on leur a appris,
& qui n'a d'autre fondement chez eux
que l'autorité de quelque Incrédule
dont ils ont reçu les leçons. Ces hommes, après avoir rejetté l'autorité la
plus vénérable qui ait jamais paru fur
la terre, fe rendent les Difciples d'un
nouveau venu qui, plus avancé qu'eux,
eft déja parvenu à étouffer tous les
mouvemens de la nature & de la confcience. Ils courent à lui pour le confulter & l'entendre, afin de s'affer-
mir fur fa parole dans une incrédulité que le libertinage a déja commencée. Ils cherchent dans une pareille autorité, des moyens & des reffources pour fe délivrer du joug d'u-
ne autorité trop pénible à leurs paf-

fions. En faifant profeffion de ne déférer à aucune autorité, ils fe laiffent
conduire par la plus méprifable qui
fut jamais : en fe glorifiant de ne rien
croire que fur leur propre examen ;
tout ce qu'ils croient ou qu'ils rejettent, n'eft fondé que fur l'air & l'af-
fûrance du Maître dont ils prennent
les leçons. Ils font incrédules par autorité, comme ils nous accufent de
croire fur la feule autorité ; mais avec
cette étrange différence, que ces hommes qui ne trouvent point affez d'autorité dans le témoignage de tant de
merveilles qui établiffent l'autorité de
l'Eglife, dans la tradition fi refpectable de fes Pafteurs, qui, fans interruption, nous ont tranfmis d'âge en
âge le dépôt facré de la Révélation ;
ces hommes, par un prodige d'aveuglement, cherchent dans le témoignage de quelque homme obfcur

& perverti, une autorité déplorable qui les endurciffe dans leur impiété, & qui les rende infenfibles aux cris de leur confcience. Terribles, mais jufte punition du refus que font les Incrédules de prendre, pour arriver à la vérité, la voie que Dieu lui-même nous a prefcrite : ils aiment mieux tourner autour comme des aveugles, fe précipiter dans les plus grands écarts, & donner aux hommes le plus funefte exemple de préfomption, que de fe mettre à couvert dans une retraite fi fûre.

Mais voyons comment Rouffeau, toujours aux prifes avec lui-même, établit la néceffité d'une autorité pour régler les hommes fur la Religion. On fera étonné des prodigieufes contradictions où l'efprit de vertige le porte & l'entraîne. Il déclare dans une multitude d'endroits, qu'il veut mettre à l'écart toute autorité ; il fait tous ses efforts pour la combattre & la renverser : écoutons d'abord comment il déclame contre elle : » Cher- » chons-nous donc sincèrement la vé- » rité (*a*) ? ne donnons rien aux- » droits de la naissance & à l'autorité » des Pères & des Pasteurs, mais rap- » pellons à l'examen de la conscience » & de la raison tout ce qu'ils nous » ont appris dès notre enfance. Ils » ont beau me crier : Soumets ta rai- » son : autant m'en peut dire celui qui » me trompe, il me faut des raisons » pour soumettre ma raison «.

On ne peut témoigner un mépris plus formel de l'autorité, & en détourner plus ouvertement les hommes. Mais voici la proposition contradictoire.

____

(*a*) *Tom. III. p. 139.*

Par cela même , dit Rousseau (a) ,
» que la conduite de la femme est
» asservie à l'opinion publique , sa
» croyance est asservie à l'autorité.
» Toute fille doit avoir la Religion
» de sa mère, & toute femme celle
» de son mari. Quand cette Religion
» seroit fausse , la docilité qui soumet
» la mère & la fille à l'ordre de la
» nature , efface auprès de Dieu le
» péché de l'erreur. Hors d'état d'ê-
» tre Juges elles-mêmes , elles doi-
» vent recevoir la décision des pères
» & des maris , comme celle de l'E-
» glise. . . . . . Puisque l'autorité doit
» régler la Religion des femmes , il
» ne s'agit pas tant de leur expliquer
» les raisons qu'on a de croire , que
» de leur exposer nettement ce qu'on
» croit «.

L'on ne pourroit se contredire plus

(a) Tom. IV. p, 77 , 78.

grossièrement que le fait ici Rousseau. Dans le premier texte, toute espèce d'autorité est rejettée, & toute la Religion est ramenée à la raison. Dans le second, au contraire, Rousseau rappelle à l'autorité tous ceux qui sont hors d'état de juger par eux-mêmes de la Religion. Sans doute qu'il aura senti combien il est absurde de vouloir conduire à la Religion tous les hommes par la voie du raisonnement. Mais il ne peut soumettre à l'autorité ceux qui sont hors d'état de juger par eux-mêmes des matières de la Religion, qu'il n'y soumette en même-temps tous les hommes en particulier : car les sçavans & les personnes capables de raisonner, passent par l'état des simples ; & avant de parvenir à celui où ils acquièrent des lumières & des connoissances, il s'écoule un long intervale, pendant lequel

quel ils ne peuvent juger par eux-
mêmes ; il faut donc qu'ils foient
foumis alors à l'autorité ; & lorfqu'ils
font arrivés dans un âge où ils peuvent juger & examiner, la même voie
d'autorité ne leur eft pas moins néceffaire , parce qu'il n'eft aucun homme qui puiffe par lui-même juger fûrement des points de la Religion.

Nous avons déja affez démontré ,
autant par expérience , que par les
aveux de Rouffeau , que l'efprit de
l'homme , laiffé à lui - même , n'eft
qu'un affemblage d'incertitudes, d'ob-
fcurités & de contradictions , & par
conféquent que la voie d'autorité eft
la feule proportionnée aux hommes à
tous égards : elle fupplée à la foibleffe des petits , en prévenant leur
défefpoir : elle empêche que ceux qui
fe croiroient forts & en état de marcher
feuls , ne foient aux autres un exem-

ple funefte, & ne fe perdent eux-mêmes par une audacieufe préfomp-tion : *Ut neque ille defperatione fran-gatur , neque ifte præcipitetur audaciâ.* Auguft.

Mais cette autorité fi néceffaire à tous les hommes , n'eft point celle de quelque particulier. Ce n'eft pas , comme le veut Rouffeau , celle du père ou de la mère, du mari ou de la femme : cette autorité eft uniquement celle de l'Eglife. Et en effet , belle reffource pour les hommes , que l'au-torité de quelque particulier qui peut aifément fe tromper ou tromper les autres ! C'eft vraiment alors qu'on pourroit répondre après Rouffeau : » Un autre homme peut fe tromper » auffi-bien que moi (*a*) : quand je » crois ce qu'il dit , ce n'eft pas par-» ce qu'il le dit , mais parce qu'il le

(*a*) *Tom. III. pag.* 140.

» prouve «. Il faut donc , pour que les hommes foient en fûreté , & puiffent foumettre leur raifon légitimement , que l'autorité à laquelle ils font obligés de déférer , ne puiffe fe tromper , & foit infaillible dans fes décifions & fon enfeignement. Or , ces qualités conviennent à l'Eglife exclufivement à tout autre. C'eft , comme nous le verrons bien-tôt , le Tribunal que Dieu a établi pour juger & décider tout ce qui concerne la Religion. Auffi a-t-il revêtu fon Eglife de tout ce qu'il faut , pour foumettre les efprits à fes décifions : elle feule étant munie d'une autorité infaillible , a moins befoin *d'expliquer à fes enfans les raifons qu'on a de croire , que de leur expofer nettement ce qu'il faut croire.*

C'eft encore la foumiffion à l'autorité de l'Eglife , & non à celle des pères ou des maris, qui peut effacer auprès de Dieu le péché de l'erreur de celui qui se tromperoit sur quelque point de la Religion. Celui qui a sincèrement dans le cœur la volonté de préférer tout ce que l'Eglise croit & enseigne, à toutes ses idées, quoique ses sentimens ne soient pas entièrement sans erreur ; cependant, comme il ne s'appuie point sur ses propres lumières, & qu'il est persuadé que la doctrine de l'Eglise est toujours pure, & qu'elle ne peut se tromper dans ses jugemens, la disposition où il est de se soumettre pleinement, lorsque l'Eglise aura décidé les points sur lesquels il se trompe, excuse son erreur ; il ne cesse point d'être l'ami de la vérité ; il lui est uni par le désir qu'il a de l'apprendre, & par l'attachement qu'il conserve pour l'Eglise, qu'il regarde comme la demeure de la vérité & de l'unité. Auffi, dès que la décifion lui eft connue, il renonce avec joie & une humble docilité à fon premier fentiment, pour embraffer & fuivre celui que l'Eglife lui préfente. Tel eft l'avantage qu'on retire en fe foumettant à l'autorité de l'Eglife. Mais il n'en eft pas de même de celui qui foumet fa foi à l'autorité d'un père ou d'une mère, d'un mari ou d'une femme : il eft comptable de toutes fes erreurs, parce qu'il a pris pour fon guide une autorité que Dieu n'a point établie pour régler les fentimens de fa foi.

Où a pris Rouffeau, que toute fille doit avoir la Religion de fa mère, & toute femme celle de fon mari ? Sur quel fondement ofe-t-il affurer, que quand cette Religion feroit fauffe, la docilité qui foumet la mère & la fille à l'ordre prétendu de la nature, efface auprès de Dieu le péché de l'erreur? Où est cet ordre de la nature, qui exige que la fille se soumette à la Religion de sa mère, & la femme à celle de son mari? L'ordre de la nature est-il donc opposé à un autre ordre de la nature? Or c'est un ordre de la nature, comme nous le prouverons bien-tôt à Rousseau, de suivre la vraie Religion, & de ne se soumettre qu'à elle. C'est un ordre de la nature, de ne jamais consentir & acquiescer à l'erreur & à la fausseté, & de n'honorer Dieu que par la vérité. La nature nous fait entendre que le mensonge ne peut plaire à Dieu, & qu'étant la vérité par essence, on ne l'honore aussi que par la vérité.

Mais Rousseau cherche, à son ordinaire, à tout confondre; & parce qu'il est de l'ordre de la nature qu'une fille soit soumise à sa mère, & une femme à fon mari dans tout ce qui concerne les chofes domeftiques, & même dans tout ce qui n'eft pas contraire à la Loi de Dieu, Roufeau en conclut que cette foumiffion doit s'étendre à la Religion même. Eh! n'eftil pas, avant tout, d'un ordre imprefcriptible de la nature, que chacun foit foumis à Dieu & à fes Loix? De ce premier ordre, tous les autres tirent leur origine, & tous lui font fubordonnés. Quoi donc! fi le père ou le mari exigent des chofes contraires à ce que Dieu nous impofe & nous prefcrit, ce fera fuivre l'ordre de la nature de leur obéir? Ce fera piété & religion, de foumettre Dieu à l'homme, de facrifier l'obéiffance qui lui eft dûe, aux idées & aux caprices de ceux qui auroient autorité fur nous? A quelle impiété, à quel comble d'irreligion une pareille Reli-

X iv

gion ne conduiroit-elle pas les hommes ? L'idolatrie , les cultes les plus
abominables , en feroient les fuites
naturelles : tout fe verroit dans la plus
horrible confufion , & le monde feroit rempli d'autant de Religions
fauffes & extravagantes , qu'il y auroit de familles , de chefs ou de maîtres. Tels font les moyens pleins de
folie & d'impiété auxquels l'Incrédule
eft obligé d'avoir recours pour combattre la vraie Religion. Nous aurons
dans la fuite occafion de les réfuter
plus au long. Rouffeau ne feroit - il
pas mieux de dormir tout à fon aife ,
que de s'éveiller pour venir débiter
des rêves auffi infenfés & auffi révol-
tans ?

Confidérons ici un moment la folle
& bizarre contradiction de Rouffeau.
Cet homme ne veut d'abord aucune
autorité ; il fait tous fes efforts pour

ramener toute la Religion au raifonnement ; il emploie tout l'artifice poffible pour anéantir , autant qu'il eft
en lui, l'autorité de l'Eglife ; & bien-
tôt après il porte l'abfurdité, jufqu'à
admettre l'autorité de toutes les Religions , jufqu'à prétendre qu'il faut
les refpeƈter toutes (a) , *comme autant
d'inftitutions falutaires qui prefcrivent
dans chaque pays une manière uniforme
d'honorer Dieu par un culte public.*
„ Je les crois toutes bonnes , ajoute-
„ t-il (b) , ... Je penfe que folli-
„ citer quelqu'un de quitter celle où
„ il eft né , c'eft le folliciter de mal-
„ faire , & par conféquent faire mal
„ foi - même. En attendant de plus
„ grandes lumières , gardons l'ordre
„ public ; dans tout pays refpeƈtons
„ les Loix, ne troublons point le culte

(a) *Tome III*, p. 184:
(b) *Ibid.* p. 190.

» qu'elles preſcrivent , ne portons
» point les Citoyens à la déſobéiſſan-
» ce ; car nous ne ſçavons point cer-
» tainement ſi c'eſt un bien pour eux
» de quitter leurs opinions pour d'au-
» tres , & nous ſçavons très - certai-
» nement que c'eſt un mal de déſo-
» béir aux Loix «. Si Rouſſeau eût
au moins ſuivi ces régles & ces principes , ſe fût il déchaîné avec tant de
fureur & d'impudence contre les *in-
ſtitutions* ſeules vraiment *ſalutaires* de
la Religion Chrétienne ? Nous avons
déja remarqué , qu'on ne détruit ordinairement l'autorité légitime de la
vraie Religion , que pour en ſubſti-
tuer d'autres auſſi fauſſes qu'extravagantes. Rouſſeau nous fournit ici un
déplorable exemple de cette vérité.
Inſenſé, qui pouſſe la folie & l'impiété juſqu'à reſpecter les cultes les
plus monſtrueux & les plus indignes

de l'humanité , tandis qu'il ne témoigne que de l'horreur & du mépris pour l'autorité si respectable de l'Eglise & de la Religion Chrétienne ! Funeste , mais juste aveuglement d'un esprit qui se refuse à la lumière qui l'environne de toutes parts ! Terrible , mais salutaire exemple des périls que l'on court , & des égaremeus où l'on tombe , lorsqu'on veut se conduire par les seules lumières de sa raison !

Pourrions - nous encore hésiter de nous réfugier dans le sein d'une Eglise , à qui Dieu a accordé tant de signes indubitables de sa conduite & de sa protection ? Qui osera disputer contre l'autorité si éminente que lui ont acquise le témoignage de tant de peuples , la succession non interrompue de tant de vénérables Pasteurs depuis les Apôtres jusqu'à nos jours ?

Fondée & établie fur la doctrine de Jefus-Chrift & de fes Apôtres ; cimentée & affermie par les fouffrances & le fang de tant de Martyrs ; relevée par l'éclat de tant de miracles opérés dans tous les temps ; célébrée par la vertu héroïque & la fainteté fi fublime d'un grand nombre de fes enfans ; toujours victorieufe de cette multitude d'ennemis différens foulevés contre elle, de tant de Sectes & d'Hérétiques conjurés contre leur mère, qui font tombés à fes pieds : que lui faut-il encore pour mériter notre déférence & notre foumiffion ? Quel genre de preuve peut-on exiger d'elle pour fe rendre, qu'elle ne préfente avec une évidence capable de vaincre les plus prévenus ? Lui refufer encore la primauté & la préférence fur fa raifon, c'eft le comble ou de l'impiété, ou de la plus orgueilleufe pré-

fomption. C'eft porter au dernier dégré l'ingratitude pour les fecours que
la bonté divine a ménagés à notre foibleffe.

Mais quelle impreffion peuvent
faire fur nos efprits les clameurs &
les vaines déclamations de nos Incrédules ? Que font-ils, fi on les compare à l'autorité qu'ils ofent méprifer & combattre ? Ils font fi peu de
chofe, fi récens, fi pleins d'extravagances & d'abfurdités, fi grands perturbateurs du bonheur & de la tran-
quillité des hommes, qu'ils ne fçauroient être pour nous d'aucun poids,
ni mériter le moindre crédit fur nos
efprits.

Achevons cependant de détruire les
objections de Rouffeau contre l'autorité de l'Eglife. » Nos Catholiques,
» ajoute l'Incrédule (*a*), font grand

(*a*) *Tom. III, pag. 164.*

» bruit de l'autorité de l'Eglife ; mais
» que gagnent-ils à cela , s'il leur faut
» un auffi grand appareil de preuves
» pour établir cette autorité, qu'aux
» autres Sectes pour établir directe-
» ment leur doctrine ? L'Eglife déci-
» de que l'Eglife a droit de décider.
» Ne voilà-t-il pas une autorité bien
» prouvée ? Sortez de-là , vous ren-
» trez dans toutes nos difcuffions «:
C'eft ici le dernier effort de l'Incrédule , pour renverfer l'autorité de l'E-
glife. Mais nous allons bien-tôt voir
fe diffiper & s'évanouir l'argument ,
dont les partifans de Rouffeau font
tant parade. Leur triomphe ne fera
pas de longue durée ; la force de la
vérité confondra fans peine tout l'artifice du fophifme de Rouffeau. Non ,
nous n'avons pas befoin d'un grand
appareil de preuves, pour établir l'autorité infaillible de l'Eglife. Rien de fi

fimple & de fi court que la manière
dont nous la démontrerons.

Il eft faux que nous prouvions à
l'Incrédule que l'Eglife a droit de décider, parce qu'elle décide qu'elle a
ce droit. Quand nous foutenons l'autorité de l'Eglife contre les Proteftans,
nous leur prouvons que l'Eglife a droit
de décider , parce que l'Eglife des
premiers fiécles , dont ils admettent
l'autorité , s'eft attribuée ce droit.
Mais lorfqu'il eft queftion de l'autorité de l'Eglife contre des hommes
comme 'Rouffeau , qui ne la reconnoiffent en aucune manière , alors
nous prenons une voie toute différente ; & c'eft nous infulter groffière-
ment , d'avancer que nous foutenions
contre les Incrédules , que l'Eglife a
droit de décider , parce qu'elle a décidé qu'elle avoit ce droit. C'eft une
miférable pétition de principes , que

nous défions Rousseau de trouver dans nos Apologistes. Mais voici les lumineux principes & les moyens invincibles que nous employons contre les Incrédules, pour leur prouver l'autorité infaillible de l'Eglise, & qu'elle a droit de décider.

Nous ne considerons point d'abord avec eux l'Eglise, comme une Société divine que Dieu a établie pour décider les matières de la Religion. Nous l'envisageons seulement comme une grande Société humaine qui subsiste depuis long-temps sans aucune interruption. C'est cette Société, si ancienne & si étendue, si bien instruite de ce qui la regarde, que nous appellons en témoignage des faits qui la concernent, des titres & des monumens qui l'établissent & qui forment sa constitution. L'Eglise, ainsi considérée, n'a aucun privilége surna-

turel

turel ; elle a uniquement l'autorité qu'ont tous les peuples pour affurer la vérité des chofes qui fe font paffées parmi eux , & dont la mémoire s'eft confervée d'âge en âge jufqu'à nous. De cette manière , l'Eglife fubfiftante depuis les Apôtres nous attefte que les Ecritures dont elle eft dépofitaire , font auffi anciennes qu'elle - même. Elle nous affure que ces Livres ont réellement pour Auteurs , ceux dont ils portent les noms ; que ces Auteurs ou ont vu les chofes qu'ils ont écrites , ou en ont été parfaitement inftruits par des témoins oculaires ; que tout ce qu'ils ont écrit eft de la dernière exactitude ; que ces Auteurs étoient connus , non-feulement pour être contemporains , mais encore comme des hommes que leur fainteté & les miracles fans nombre qu'ils opéroient , mettoient à l'abri du moindre foupçon, & rendoient parfaitement dignes de foi.

Cette Société nous apprend que déja fubfiftante & déja formée, lorf-que ces Livres ont été compofés, elle n'y a trouvé & reconnu que ce qu'elle croyoit déja, que les faits dont elle avoit été auparavant bien inftruite & bien perfuadée.

Le témoignage de cette Société ainfi préfenté, n'a encore rien d'ex-traordinaire & de divin. Il ne tombe que fur la vérité & la certitude des Livres, & des faits de la Religion Chrétienne : mais auffi un pareil té-moignage eft fupérieur à tout ce qu'on peut trouver en ce genre dans l'ordre naturel de la Société. C'eft un témoi-gnage rendu par un peuple entier, parfaitement inftruit dès le commen-cement, & de fon origine, & de la manière dont il s'eft formé. C'eft un

peuple qui a toujours conservé pré-
cieusement ses titres primordiaux ;
qui jamais n'a souffert dans aucun
temps qu'on y fît le moindre changement, la moindre altération ; qui
a voulu dès sa naissance, qu'en particulier comme en commun , on les
lût, on les expliquât , & qu'on en
conservât de fidelles copies. Sur un
consentement si ancien, si uniforme,
si universel, si éclatant, nous croyons
& nous prétendons qu'on doit croire
la vérité des Ecritures , & des faits
qu'elles contiennent.

Ce fut ce consentement des peuples, qui détermina autrefois S. Au-
gustin à croire la vérité de nos Livres, & à quitter la Secte des Manichéens , pour se soumettre à l'autorité de l'Eglise Catholique. » Je ne
» me suis rendu , dit ce grand hom-
» me, qu'au sentiment confirmé par

» le témoignage toujours soutenu des
» Peuples & des Nations, qui de tou-
» tes parts sont entrées dans l'Eglise
» Catholique. Je n'ai cru que sur un
» consentement si ancien, si unifor-
» me, si universel, si éclatant : *Hoc*
» *ergo credidi famæ celebritate, con-*
» *sensione, vetustate roborata* «. Voilà
précisément comment nous considé-
rons l'Eglise Catholique avec les Incrédules : c'est le témoignage des peuples, & rien de plus ; mais témoignage qui, quoique d'un ordre naturel,
suffit, comme nous l'avons déja dit
& prouvé plus haut, pour nous garantir la vérité de l'histoire de nos
Livres, & des faits qu'ils rapportent.

Jusques-là nous n'avons rien sup-
posé de divin dans nos Ecritures :
nous ne les avons pas regardées comme des Livres inspirés de Dieu, &

qui contiennent fa parole. Nous ne les avons envifagés que comme des Livres dont on recherche & dont on examine la vérité hiftorique ; dont on veut fçavoir s'ils font fuppofés ou certains , fi les événemens qu'ils renferment font vrais ou fabuleux , fi ceux qui paffent pour en être les Auteurs , les font effeċtivement. Mais , après avoir prouvé par le fuffrage & la tradition de tant de peuples , la vérité & la certitude de tous ces monumens, je dois en tirer les conféquences naturelles qui en réfultent.

Ces Livres font remplis des merveilles qu'ont opérées leurs Auteurs , pour établir la divinité de leur miffion. Par-tout ils fe donnent pour les Envoyés de Dieu , pour fes oracles & fes Prophetes ; ils fe déclarent être infpirés de Dieu dans tout ce qu'ils difent ; ils proteftent ne rien dire que

de vrai , & leurs miracles en font
foi. Je ne puis donc regarder ces Livres comme certains hiſtoriquement ,
ſans reconnoître en même-temps la
divinité de ces Livres , la ſaintreté de
leurs Auteurs , la vérité de leur doctrine , & ſans reſpecter leurs paroles comme celles de Dieu même.

J'examine enſuite dans ces mêmes
Livres , ce qu'ils nous apprennent de
la *Société* qui leur a rendu témoignage. J'y trouve que Jeſus - Chriſt en
eſt l'Inſtituteur ; que ſon *Eſprit* en eſt
l'ame ; qu'il doit être avec elle juſqu'à la fin des ſiécles ; qu'il ne permettra jamais que les portes de l'Enfer prévalent contre elle ; qu'elle eſt
la colonne & la baze de la vérité ;
que ſon Auteur l'a pourvue d'Apôtres , de Prophetes , d'Evangéliſtes ,
de Paſteurs & de Docteurs , afin que
nous ne ſoyons point flottans à tout

vent de doctrine. J'y lis que quiconque ne l'écoutera point, fera regardé
comme un Payen & un Publicain ;
qu'elle jugera toute langue qui lui réfi-
stera, & qui s'élevera contre elle pour
la juger ; que toute Nation & tout
Royaume qui ne lui fera pas affujetti,
périra. Toutes ces chofes & cent autres pareilles, qu'on trouve dans ces
Livres reconnus pour divins, nous
obligent enfuite de regarder à fon
tour cette Société comme une Société
divine, à qui l'infaillibilité a été pro-
mife, & dont on ne peut rejetter
l'autorité fans une criminelle préfomption.

C'eft alors que je ceffe de regarder l'Eglife comme une Société purement humaine ; je la vois revêtue d'une autorité divine. J'ajoute
donc au témoignage qu'elle a rendu
aux Ecritures, comme une Société

aussi ancienne qu'elles & fondée sur elles, un autre témoignage d'un ordre plus excellent, qu'elle leur rend comme infaillible, & dépositaire de la révélation divine. Et c'est ainsi que par une suite nécessaire d'un raisonnement fort éloigné du cercle vicieux, l'Ecriture & l'Eglise se prouvent mutuellement.

C'est l'union parfaite de la raison & de l'Ecriture qui nous porte à nous soumettre à l'autorité de l'Eglise. La raison, parce qu'elle nous dit qu'il faut s'en rapporter au témoignage d'une aussi grande Société que l'Eglise, sur les faits qui constatent la divinité de nos Ecritures ; & ces mêmes Ecritures, parce qu'elles nous apprennent ensuite que l'Eglise est un Tribunal toujours infaillible pour décider de tous les points qui appartiennent à la révélation. Nous ne prouvons donc pas , comme le prétend Rousseau , que l'Eglise a droit de décider , parce qu'elle a décidé qu'elle avoit ce droit : mais nous montrons auparavant , qu'elle a été fondée à décider qu'elle avoit ce droit ; & après avoir établi le fondement de sa décision , cette même décision nous fournit ensuite une nouvelle preuve de son droit.

Pour rendre plus sensible tout ce que je viens de dire , il est à propos d'employer une comparaison qui servira à dissiper toutes les mauvaises chicanes de l'Incrédule. Dans un Etat, c'est la Société qui rend témoignage à la vérité des Loix ; c'est elle qui en assure l'existence & l'autenticité : arrive-t-il quelque différend sur la nature, les prérogatives & la constitution d'un Etat ? La Société qui le compose , atteste la vérité des Loix sur lesquelles elle est fondée. Après donc

s'être afluré par ce témoignage irréfragable de la certitude de ces Loix,
on les confulte pour apprendre quels
font les droits de cette Société qui
leur rend témoignage ; & quel doit
être la forme de fon gouvernement.
Appliquons ceci à l'Eglife.

L'Ecriture eft à l'Eglife ce que la
Loi eft à l'Etat. Comme l'Etat attefte
l'autenticité des Loix de la Société,
l'Eglife attefte l'autenticité & la vérité des Ecritures. Pour connoître la
conftitution & les prérogatives de l'E-
tat, nous recourons aux Loix, après
nous être affurés de leur exiftence par
le témoignage de la Société qui compofe l'Etat ; de même, pour découvrir les droits & les qualités de l'E-
glife, nous confultons l'Ecriture dont
la vérité nous eft garantie par la tradition & le témoignage de cette Société qui compofe l'Eglife. C'eft dans

ces archives de la légiflation divine, que nous apprenons ce qu'eft l'Eglife, quelles font les prérogatives qui lui conviennent. Ce n'eft pas cette Société qui donne aux Ecritures leur autorité ; ce n'eft point elle qui imprime fur ces Livres le caractère de divinité dont ils font revêtus ; mais elle attefte feulement la vérité des faits qu'ils contiennent, & cette vérité démontre la divinité de ces Livres : par conféquent il n'y a point de cercles vicieux dans la manière dont nous prouvons la divinité des Ecritures & l'autorité de l'Eglife. Ces deux témoignages réciproques que fe rendent les Ecritures & la Société qui les conferve, font d'un ordre très-différent. Le témoignage dont nous nous fervons pour prouver à l'Incrédule la certitude de nos Ecritures, n'eft point, comme nous l'avons déja vu, d'un ordre furnaturel & divin. Il confiste fimplement dans une tradition publique & perpétuelle, attestée par tout le corps de la Société, visible dans tous les siécles, & qui remonte évidemment jufqu'à la première origine de la Société & des Ecritures. Mais une pareille tradition est d'une force infinie pour établir l'antiquité des Ecritures, leur vérité hiftorique, dont leur autorité divine réfulte néceffairement. L'autorité de ces Livres ainfi démontrée, nous prouve enfuite l'autorité infaillible de l'Eglife;& le droit qu'elle a de décider.

L'autorité de l'Eglife une fois établie fur de fi folides fondemens, toutes les objections de Rouffeau, les difficultés qu'il a cherché à groffir & à exagérer, viennent échouer & fe brifer contre l'immobilité de cet édifice. Rouffeau l'a bien fenti, puifqu'il

n'a travaillé , comme nous venons de
le voir , à nous enlever cette autorité , que pour nous faire retomber
dans toutes les difficultés communes
aux Sectes particulières. *Sortez de-là ,*
nous a-t-il dit en parlant de l'autorité
de l'Eglife , *vous rentrez dans toutes
nos difcuffions.* Mais nous n'en forti-
rons pas , parce que nous venons de
prouver combien notre attachement
à cette autorité eft folidement fondé.
Nous fommes donc exempts d'entrer
dans toutes les difcuffions où Roufſeau
voudroit nous entraîner.

Dès que je fuis affuré de l'infaillibilité de l'Eglife , je n'ai plus befoin
de cette immenfe érudition (*a*) que
Roufſeau juge néceffaire pour l'examen de la Religion Chrétienne, pour
remonter dans les plus hautes anti-
quités , pour examiner , pefer , con-

(*a*) *Tom. III. p.* 141.

fronter les prophéties, les révélations,
les faits, tous les monumens de foi
proposés dans tous les pays du monde, pour en affigner les temps, les
lieux, les auteurs, les occafions. Je
n'ai plus befoin d'une auffi grande
juſteſſe de critique que Rouſſeau juge
néceſſaire à chacun pour diſtinguer les
piéces autentiques des piéces fuppofées ; pour comparer les objections
aux réponſes, les traductions aux ori-
ginaux ; pour juger de l'impartialité
des témoins, de leur bon fens, de
leurs lumières ; pour fçavoir fi l'on
n'a rien fupprimé, rien ajouté, rien
tranfpofé, changé, falfifié ; pour lever les contradictions qui reſtent ;
pour juger quel poids doit avoir le
filence des adverfaires dans les faits
allégués contre eux ; fi ces allégations
leur ont été connues ; s'ils en ont fait
affez de cas pour daigner y répon-

dre ; si ces Livres étoient assez communs pour que les nôtres leur parvinssent ; si nous avons été d'assez bonne foi pour donner cours aux leurs parmi nous, & pour y laisser leurs plus fortes objections telles qu'ils les avoient faites.

Toutes ces difficultés qui n'ont que l'artifice & la mauvaise foi pour principe , & quantité d'autres aussi méprisables., ne doivent plus m'arrêter , dès que j'ai découvert l'autorité de l'Eglise. J'ai tout trouvé en elle ; c'est une voie abrégée qui me délivre de ce labyrinthe où l'Incrédule voudroit me faire passer ; je suis dispensé d'entrer dans toutes ces *horribles discussions* où il voudroit me jetter pour m'effrayer , dès que j'ai reconnu le moyen qui m'en débarasse : *Autoritati credere , magnum compendium & nullus labor.*

Cette autorité fur laquelle je me repofe , a fait pour moi beaucoup plus fûrement & plus exactement que je ne l'aurois pu , toutes les recherches & les examens néceffaires. En m'appuyant fur fon témoignage , je remonte par elle dans la plus haute antiquité. J'examine, je péfe , je confronte les prophéties , les révélations , les faits, & tous les monumens de foi propofés dans tous les pays du monde , parce que cette autorité a fait toutes ces chofes dans tous les temps d'une manière qui ne me laiffe aucun doute. Toujours fubfiftante , elle m'en affigne les temps , les lieux , les auteurs , les occafions , parce qu'elle en a confervé la mémoire par une tradition non - interrompue. Je n'ai plus befoin d'une grande jufteffe de critique pour diftinguer les piéces autentiques des fuppofées , pour fça-

voir

voir si l'on n'a rien supprimé , rien ajouté, rien transposé , changé , falsifié. La vigilance de l'Eglise , son attention scrupuleuse , sa fidélité, l'envie même de ses ennemis , qui n'auroient pas manqué de lui reprocher publiquement les altérations & les falsifications, si elle en eût souffertes quelques - unes, l'impossibilité qu'il y auroit eu de falsifier ou d'altérer cette multitude d'exemplaires des Livres saints qui se font faits dès le commencement dans toutes les langues & tous les pays ; ces raisons dissipent sans peine toutes mes craintes , & me garantissent l'intégrité du dépôt qui lui a été confié.

Les promesses de Dieu à son Eglise , l'idée que j'ai de sa sagesse, ne me permettent pas le moindre soupçon sur la pureté de tous ces monumens. Quoi! Dieu auroit instruit les hommes de ſes volontés , il auroit établi une Religion , ſans penſer à la maintenir ? Il auroit jugé la révélation néceſſaire , & il en auroit négligé la conſervation ? Il auroit laiſſé altérer les monumens où il nous ordonne d'apprendre à le connoître, & il permettroit que les hommes puiſſaſſent l'erreur & le menſonge dans ces ſources mêmes où il leur commande de chercher la vérité ? Ne nous auroit - il pas tendu des piéges ? Ne nous auroit-il pas induits en erreur , s'il eût ſouffert que dans des Livres revêtus de toute ſon autorité par le témoignage qu'il leur a rendu, le vrai fût confondu avec le faux , & ſa parole melée avec les fictions des hommes ? Il étoit donc eſſentiel à la divine Providence de prendre un ſoin particulier des Livres que ſon Eſprit avoit inſpirés. En donnant la révéla-

tion, elle s'étoit engagée à la préfer-
ver des atteintes qu'elle auroit pu recevoir de la fragilité ou de la malice
des hommes.

Toutes ces raifons me confirment
encore la néceffité de l'autorité infaillible de l'Eglife. Puifqu'il eft de la
fageffe de Dieu de maintenir dans
toute fa pureté la révélation qu'il a
donnée aux hommes ; il faut donc
que ceux à qui il en a confié la garde, ne puiffent errer dans tout ce qui
concerne ce dépôt. Si la Société à
qui il eft confié, pouvoit errer ; fi elle
pouvoit fe tromper, foit lorfqu'elle
certifie dans fes décifions que tel ou
tel point appartient à la révélation ;
foit lorfqu'elle déclare que tel autre
n'en fait pas partie ; dès-lors le dépôt de la révélation cefferoit d'être
inaltérable, & Dieu n'auroit point
fuffifamment pourvu à fa conferva-

tion. Par conséquent il est nécessaire que l'Eglise soit infaillible dans les jugemens qui concernent la révélation ; & comme cette infaillibilité ne peut venir que de Dieu, il est clair que tous les jugemens de l'Eglise sur les points révélés, sont ceux de Dieu même : s'y soumettre, c'est obéir à Dieu qui communique à l'Eglise son autorité.

Mais pour faire mieux sentir la protection visible que Dieu n'a cessé d'accorder aux Livres qu'il avoit fait écrire, qu'on jette les yeux sur cette multitude de copies ou de traductions qui en ont été faites dans les différens temps. On y trouvera, il est vrai, des variétés ; mais qui ne tombent point sur le fond des choses. De toutes les versions, de tous les textes, quels qu'ils soient, il en résulte toujours les mêmes loix, les mêmes miracles, les mêmes prédictions, la même suite d'hiſtoire, le même corps de doctrine, en un mot la même ſubſtance. Ainſi ce qui eſt eſſentiel dans les Livres ſacrés, eſt toujours demeuré inaltérable. Les diverſités des textes, d'ailleurs peu importantes, ne ſervent qu'à montrer la grande & vénérable antiquité de ces ſaints Livres. D'où viennent-elles, en effet, ſinon de la multitude des copies qui s'en ſont faites depuis tant de ſiécles, du peu de connoiſſance de la langue originale qui avoit ceſſé d'être commune; du changement que la longueur du temps a apporté dans les lieux où s'eſt trouvé le peuple Juif ; de l'obſcurité qu'elle a répandue ſur des généalogies ſi anciennes dont on a perdu le fil, de l'oubli des dates & des faits ſi reculés, qu'ils ont échappé à la mémoire des hommes ? Il en eſt de même des verſions : elles prouvent encore combien la langue des Ecritures eſt ancienne, puiſqu'on en a perdu toute la délicateſſe, & qu'on ne ſçauroit en rendre toute l'élégance & toute la force dans la dernière exactitude. Les variantes ſurvenues dans le texte font encore voir le religieux reſpect qu'on a toujours eu pour ces ſaints Livres. On a mieux aimé les donner telles qu'on les trouvoit, que de prendre la liberté d'y changer ou corriger ce qui pouvoit embaraſſer. De tant d'endroits qui peuvent cauſer de la difficulté ou de l'obſcurité, jamais on n'a oſé en rétablir un ſeul par raiſonnement ou par conjectures. On a toujours ſuivi exactement la foi des exemplaires; & comme l'immobilité de la tradition n'a jamais permis que la ſaine doctrine fût altérée, on a cru avec raiſon que les autres fautes, s'il en reſtoit, ne ſerviroient qu'à prouver qu'on n'a rien innové par son propre esprit. La diversité de quelques textes pourra-t-elle nuire ensuite à la divinité des saints Livres, & la divine Providence n'a-t-elle pas fait pour eux tout ce que nous pouvions désirer, en en conservant le fond inaltérable ?

Toutes ces raisons suffisent pour répondre à la question que fait Rousseau : *Qui m'assurera*, dit-il, *que ces Livres sont fidélement traduits, qu'il est même impossible qu'ils le soient* (a) ? Non, il n'en faut pas davantage pour répondre de l'entière fidélité de ces traductions, que la conformité qu'elles ont entre-elles sur le fond des choses. D'où leur peut-elle venir, si ce n'est de la ressemblance qu'elles ont toutes en ce point avec l'original d'où elles sont sorties comme de leur source ? Enfin

(a) *Tom. III, p. 163.*

Z iv

l'autorité infaillible de l'Eglife, qui ne peut admettre que des traductions fidèles quant au fond, eft pour nous un fur garant de la fidélité de toutes celles qu'elle approuve & qu'elle autorife.

Avec le fecours & l'affurance d'une pareille autorité, a-t-on befoin de s'arrêter à tous ces minutieux détails de difficultés, que Rouffeau n'entaffe que pour éblouir l'efprit de fes Lecteurs? Dois-je me mettre en peine de juger quel poids doit avoir le filence des adverfaires dans les faits allégués contr'eux ? Et d'ailleurs, peut - on douter que tous ces faits ne leur aient été connus? N'en ont - ils pas fait mention eux - mêmes ? Ne leur ont - ils pas donné un nouveau relief par le témoignage que l'évidence les a forcés d'y rendre ? Je ne cherche point, dit Celfe en parlant des

Chrétiens (*a*), je ne cherche point
à fçavoir ce qu'ils penfent ; car j'ai
tout connu & tout découvert : *Non
quod fcire quæram quid fentiant , nam
omnia novi.* Celfe ne contefte point
aux Chrétiens la vérité des faits dont
ils s'autorifent , & la manière dont
il cherche à les expliquer , ne tend au
contraire qu'à leur donner un nouveau dégré d'évidence. Julien l'Apoftat , qui n'a auffi rien ignoré ni rien
omis de ce qui pouvoit fervir à décrier la Religion Chrétienne , n'a jamais de même ofé accufer de fuppofition ces faits , & les monumens
qui les contiennent. Ainfi leur certitude fe trouve conftatée autant par le
confentement unanime des Fidèles ,
que par celui des Payens & des Hérétiques. Mais en outre , les conféquences de ces faits dépendent - elles

(*a*) *Apud Origenem.*

de la connoiſſance qu'ont pu en avoir les adverſaires de la Religion Chrétienne ? Ne peuvent-ils pas, indépendamment de leur témoignage, avoir toute la certitude néceſſaire ? Ces faits ne ſont-ils pas par eux-mêmes déciſifs & triomphans ? Belle critique ! belle manière de raiſonner ! Pour que des faits ſoient concluans, il faudra que les adverſaires les aient connus, combattus, réfutés, & que nous ſçachions tout ce qu'ils ont eu à y oppoſer.

L'atteſtation de ceux qui les ont vus, des peuples innombrables qui les ont crus, la tradition ſi conſtante & ſi univerſelle qui en a perpétué la mémoire, ne ſuffiſent-elles pas pour les rendre indubitables ? Eh quoi ! ſi ces faits euſſent ſubjugué l'eſprit de tous les hommes, & n'euſſent laiſſé après eux aucun adverſaire, faudroit-il ceſſer de les croire? Combien ces faits n'ont - ils pas détruit d'oppoſitions ? Combien d'hommes n'ont-ils pas atti- rés à la Religion Chrétienne, qui en étoient auparavant les ennemis im- placables ? Le témoignage de ces hom- mes, qui n'ont été forcés & vaincus que par l'évidence, n'eſt-il pas bien ſupérieur à la réſiſtance des autres, qui n'ont jamais, comme Rouſſeau, que des injures, des calomnies, de mauvais ſophiſmes à oppoſer à des preuves ſi éclatantes?

Qui peut douter que nos Livres n'aient été aſſez communs, pour qu'ils puſſent être connus de tout le mon- de ? La multitude de copies, de tra- ductions qui en ont été faites dès le commencement, en facilitoient à tous la connoiſſance & la lecture. Auſſi Celſe, Porphyre, Julien en ont - ils fait uſage dans leurs Livres contre les

Chrétiens. Ces actes de notre Religion ont été publiés par toute la terre. Les circonstances des temps, des personnes & des lieux en ont rendu l'examen facile à tous. Le monde s'est informé, le monde a cru, & pour peu qu'on considere la manière dont la Religion Chrétienne s'est répandue & accréditée, n'est - on pas forcé de convenir que jamais affaire n'a été jugée avec plus de maturité & de précaution, plus de connoissances & de réflexions ?

Rousseau doute si nous avons été d'*assez bonne foi pour laisser* dans les Livres de nos adversaires *leurs plus fortes objections telles qu'ils les avoient faites.* Il voit bien que toutes les objections qui subsistent contre la Religion Chrétienne, n'ont rien de satisfaisant. Ainsi, pour s'entretenir dans son incrédulité, il aime à supposer qu'il y en avoit de plus fortes, que nous avons retranchées. Mais fur quel fondement? Pour accufer la bonne-foi de l'Eglife Chrétienne, ne faudroit-il pas avoir en main quelques preuves d'une accufation fi grave & fi injurieufe? Il faudroit trouver quelque Auteur ancien qui fe fût plaint de la fraude prétendue, pouvoir produire quelque original de ces Ouvrages, où on trouvât des objections de conféquence qui fuffent fupprimées dans les copies. Mais fans preuves, fans le plus léger indice, former un pareil foupçon contre une Société qui a donné tant de marques de fa fincérité & de fa bonne-foi; quelle impudente témérité! Qu'auroit gagné la Religion Chrétienne à fupprimer les objections de fes adverfaires? L'Incrédule, toujours attentif, n'auroit pas manqué de réparer & de conferver de fon côté, ce qu'elle auroit voulu détruire du fien. D'ailleurs ; quel intérêt auroit eu la Religion Chrétienne pour agir ainfi ? Elle qui a toujours défié fes adverfaires, qui les a toujours provoqués au combat, a-t-elle jamais redouté leurs objections ? N'étoit il pas avantageux pour elle de les laiffer fubfifter ? C'étoit autant de monumens de fes victoires & de fon triomphe ; & , comme il eft toujours arrivé, les objections qu'on formera contre elle, tourneront toujours à fa gloire & à la confufion de l'incrédulité.

Rouffeau nous fait bien voir qu'il n'a rien de folide à alléguer contre la Religion Chrétienne : il fe croit bien fort quand il a affecté une multitude de doutes contre des points de la dernière évidence, & tâché de répandre un pyrrhonifme extravagant fur les objets les plus certains. Qu'il multiplie tant qu'il voudra les chicanes & les difficultés qu'il en raffemble de toutes parts ; le Fidèle convaincu de l'autorité infaillible de l'Eglife, que nous avons démontrée, ne s'en mettra point en peine. Quand même il n'auroit pas affez de lumières pour les réfoudre, fa foi feroit toujours affez ferme pour s'en mocquer : *Hœc & fi ratio refutare non poffet, fides tamen irridere deberet.* S. Aug.

Affurément la plus grande grace qu'on puiffe faire à Rouffeau, c'eft de payer d'un fouverain mépris fes calomnies, fon ignorance, fa mauvaife foi, fes abfurdités, fes fophifmes, fes contradictions groffières.

Rouffeau accufe d'abfurdité les décifions de l'Eglife : mais fans en articuler aucune, fans aucune preuve, fans démontrer en quoi confiftent ces abfurdités. Ce font toujours les allégations vagues d'un homme qui eſt dans l'impoſſibilité d'établir ce qu'il avance ; mais qui veut toujours dé- biter ſes impoſtures & ſes calom- nies , parce qu'il eſpère qu'elles fe- ront au moins impreſſion ſur quel- ques-uns , diſpoſés à le croire ſur ſa parole. » Ce qui redoubloit mon em- » barras , nous dit-il (a) , étoit, » qu'étant né dans une Egliſe qui dé- » cide tout , qui ne permet aucun » doute, un ſeul point rejetté , me » faiſoit rejetter tout le reſte , & que » l'impoſſibilité d'admettre tant de » déciſions abſurdes , me détachoit » auſſi de celles qui ne l'étoient pas. » En me diſant : Croyez tout, on » m'empêchoit de rien croire , & je » ne ſçavois plus où m'arrêter «. Nous défions Rouſſeau de nous mon- trer la moindre abſurdité dans les dé-

(a) *Tom. III , p. 27.*

ciſions

cisions de l'Eglise. Quand il sera assez hardi pour l'entreprendre, nous nous engageons de notre côté à lui faire voir que ces prétendues absurdités sont autant de vérités capitales & essentielles. On sent bien que ce n'est point ici le cas de discuter toutes les décisions de l'Eglise, cette entreprise nous méneroit troploin ; il faut auparavant que Rousseau nous assigne celles sur lesquelles il prétend faire retomber son accusation, & qu'il établisse ses moyens. L'infaillibilité de l'Eglise dans ses décisions sur les points de la révélation que nous avons démontrée, nous garantit d'avance l'exactitude & la vérité sans mélange de toutes ses décisions.

Rousseau, sans y penser, a rendu lui-même témoignage à la pureté de ces décisions. » Quand (*a*) vous avez

(*a*) *Tom. III. p.* 160.

II. Partie. A a

» voulu , dit-il à son Elève , juger de
» la Foi Catholique sur le Livre de
» Bossuet , vous vous êtes trouvé loin
» de compte , après avoir vécu parmi
» nous. Vous avez vu que la doctri-
» ne avec laquelle on répond aux Pro-
» testans , n'est point celle qu'on en-
» seigne au peuple , & que le Livre
» de Bossuet ne ressemble guère aux
» instructions du Prône «. Parler ainsi,
n'est-ce pas reconnoître bien nettement que la doctrine contenue dans
l'Exposé du grand Bossuet est exacte
& irrépréhensible ? N'est-ce pas dé-
clarer qu'il faut supposer à l'Eglise
une autre doctrine que celle-là , pour
y trouver des absurdités ? Or c'est
une nouvelle calomnie de la part de
Rousseau , d'oser prétendre qu'on se
trouve loin de compte , lorsqu'on veut
juger de la Foi Catholique sur le Livre de Bossuet. C'est un mensonge

d'avancer que la doctrine avec laquelle on répond aux Proteſtans, n'eſt point celle qu'on enſeigne au peuple; & que le Livre de Boſſuet ne reſſemble guère aux inſtructions du Prône. Que Rouſſeau parcoure les Catéchiſmes, les Livres d'inſtructions que l'Egliſe met entre les mains des peuples, & il aura la confuſion d'y voir l'identité de leur doctrine avec celle de l'expoſé de Boſſuet, & celle dont on ſe ſert pour répondre aux Proteſtans. Jamais l'Egliſe n'a eu deux doctrines; ſon caractère eſſentiel eſt de n'avoir qu'une Foi; la doctrine qu'elle a défendue contre ſes ennemis, eſt la même qu'elle enſeigne à ſes enfans: c'eſt l'unique qu'elle leur ordonne de croire: & nous diſons avec elle anathême à quiconque annonceroit une doctrine différente. Celle qu'elle preſcrit à ſes Miniſtres d'enſeigner aux

peuples dans leurs Prônes comme ailleurs , eſt auſſi la même. Si quelque-
fois ils s'en ſont écartés , la ſévérité
avec laquelle elle les a repris & con-
damnés , montre clairement qu'elle
déſavouoit une pareille doctrine, qu'elle étoit étrangère à la ſienne , & qu'elle
n'approuvera jamais deux doctrines
contradictoires.

Qui peut ignorer que la doctrine
de l'Egliſe ne dépend point de ce que
quelques particuliers pourroient débiter dans leurs Prônes ? Ils peuvent ſe
tromper & s'écarter ; mais l'Egliſe
n'eſt point reſponſable de leurs erreurs , parce qu'elle ne leur a pas
donné la commiſſion de les enſeigner ; qu'elle les condamne d'avance ,
& que ſa foi de tous les temps & de
tous les lieux réclamera toujours contre
ces innovations. C'eſt ainſi que dans
un Etat , on n'impute au corps que

ce que fes Députés ont commiffion de dire & de faire : s'ils s'en écartent, dès-lors ils ceffent d'être avoués par la Société qui les a commis, & ils n'agiffent plus que comme de fimples particuliers.

Rouffeau fait encore dire à fon Vicaire Savoyard, qu'il introduit fur la fcène : » Dans mes inftructions (a), » je m'attacherois moins à l'efprit » de l'Eglife, qu'à l'efprit de l'E- » vangile «. Que Rouffeau qui, pour mieux infulter à l'Eglife, feint d'exalter l'Evangile, auquel il ne croit pas davantage, apprenne de cet Evangile, que l'Efprit qui l'a dicté, eft le même qui régit & gouverne l'Eglife. C'eft cet Efprit que l'Evangile lui promet pour être avec elle jufqu'à la confommation des fiécles. *Je prierai mon Père*, dit Jefus-Chrift dans fon Evan-

(a) *Tom. III pag.* 189.

A a iij

Sile, *& il vous donnera un autre Con-*
solateur (a), *qui est l'Esprit de vérité,*
afin qu'il demeure éternellement avec
vous. Voilà l'Esprit qui anime l'E-
glise , qui agit continuellement en
elle ; & peut-elle en avoir un autre,
puisque Jesus-Christ & son Eglise ne
forment qu'un même corps dont il est
le Chef : *Christus caput est Ecclesiæ ,*
ipse Salvator corporis ejus (b) ? Or le
corps peut-il être animé d'un autre
Esprit que son Chef ? *Allez* , dit Jesus-Christ à ses Apôtres , en les envoyant prêcher l'Evangile par toute la
terre , *& soyez assûrés que je serai avec*
vous jusqu'à la consommation des siè-
cles. Promesse que Jesus-Christ a ac-
complie en envoyant son Esprit le jour
de la Pentecôte , pour former son
Eglise , en être l'ame , la force & la

(a) *Joan.* 14.
(b) *Ephes.* 5.

foutien. Auſſi combien de marques éclatantes n'a-t-il pas donné à cette Egliſe de ſon aſſiſtance & de ſa protection dans tous les événemens critiques où elle a pu ſe trouver? C'eſt par le don de cet Eſprit, & les ſecours qu'il lui prête ſans ceſſe dans ſes beſoins, que Jeſus-Chriſt réprime les efforts de l'Enfer contre l'Egliſe, & qu'il ſe montre fidèle à la promeſſe qu'il lui a faite, que les portes de l'Enfer ne prévaudroient jamais contre elle. Si l'Eſprit de l'Evangile, ou, ce qui eſt la même choſe, ſi l'Eſprit de Jeſus-Chriſt ceſſoit d'être celui de ſon Egliſe, dès-lors les portes de l'Enfer prévaudroient contre elle, & la vérité ſeroit convaincue ou de menſonge ou d'impuiſſance. Mais non; cet Eſprit ne l'abandonnera jamais; il lui enſeignera toujours toute vérité: *Docebit vos omnem veritatem*; il la

préfervera toujours de toutes les illufions de l'erreur & du menfonge ; &
l'Eglife , toujours dirigée par cet Efprit de vérité , pourra dire après fes
Fondateurs , dans fon enfeignement
public comme dans toutes fes décifions : Il a plu au Saint - Efprit & à
nous : *Vifum eft Spiritui Sanƈto &*
nobis.

Quelle ignorance , ou quelle mauvaife foi dans Rouffeau , de mettre
une différence entre l'Efprit de l'E-
vangile & l'Efprit de l'Eglife ! S'il avoit
lu les Livres faints avec un amour
fincère du vrai , n'auroit-il pas vu dans
une multitude d'endroits , que l'E-
glife eft l'Epoufe chérie de Jefus-
Chrift ; qu'il l'a choifie pour la purifier & la fanƈtifier par la vertu de fon
Efprit , qu'il en eft à jamais le Chef ;
qu'elle ne ceffera pas d'être fon corps ,
& que par conféquent les influences

de ce divin Chef se répandront toujours dans les différens membres qui composent cet admirable Corps mystique, & que l'Esprit du Chef animera & gouvernera toujours le Corps auquel il s'est uni. Il est vrai que tous les membres de l'Eglise ne participent pas à cet Esprit qui en est l'ame, de même que dans le corps humain, il arrive souvent que plusieurs de ses membres n'ont aucune part à la vie que l'ame communique aux autres : mais comme l'ame qui donne la vie, ne se retire pas d'un corps, quoique plusieurs de ses membres soient déja morts ; ainsi l'Esprit Saint qui est l'ame de l'Eglise, ne s'en sépare pas, quoiqu'une partie des membres qui la composent ne participent plus aux influences qu'il répand dans les autres.

Rousseau cherche de tous côtés des

moyens pour étayer fon incrédulité, & il faut bien qu'il en foit dénué, pour oppofer l'Eglife à l'Evangile qui ne ceffe d'en relever l'éclat, de nons inculquer fon autorité divine, & de nous y rappeller. Mais tout eft bon à Rouffeau, il ne croit pas plus à l'E-vangile qu'à l'Eglife : cependant il s'en déclare le défenfeur, dès qu'il efpère en retirer quelque avantage. Tel eft le caractère de Rouffeau : Proteftant, quand il s'agit de combattre l'Eglife Catholique ; Juif, lorfqu'il eft que-ftion d'attaquer les Chrétiens Prote-ftans ; Mahométan, lorfqu'il veut renverfer la Religion des Juifs ; de toutes les Religions, fans en admet-tre aucune, feignant de les refpecter toutes, pour les anéantir en les met-tant toutes aux prifes les unes avec les autres, afin d'élever fur leurs rui-nes l'incrédulité la plus complette.

& le Pyrrhonifme le plus univerfel.

» Nous avons , dit Rouffeau (*a*) ,
» trois principales Religions en Euro-
» pe : l'une admet une feule révéla-
» tion, l'autre en admet deux, & l'au-
» tre en admet trois. Chacune déte-
» fte, maudit les deux autres, les ac-
» cufe d'aveuglement , d'endurciffe-
» ment , d'opiniâtreté , de menfon-
» ge. Quel homme impartial ofera ju-
» ger entre-elles , s'il n'a première-
» ment bien pefé leurs preuves, bien
» écouté leurs raifons ? Celle qui n'ad-
» met qu'une révélation , eft la plus
» ancienne & paroît la plus sûre ;
» celle qui en admet trois eft la plus
» moderne , & paroît la plus confé-
» quente ; celle qui en admet deux &
» rejette la troifiéme , peut bien être
» la meilleure ; mais elle a certaine-
» ment tous les préjugés contre elle ;

(*a*) *Tom.* 3 , *p.* 164.

» l'inconféquence faute aux yeux «.
C'eft ainfi que Roufleau travaille à
renverfer ces trois Religions, en op-
pofant l'une à l'autre. Il donne à la
première l'antiquité, & la repréfente
comme la plus sûre ; à la feconde,
qui eft la plus moderne, il lui accor-
de d'être la plus conféquente ; pour
la troifiéme, il lui fait la grace de
dire qu'elle peut bien être la meilleure ; mais il foutient qu'elle a tous les
préjugés contre elle, & que fon inconféquence faute aux yeux. Nous allons voir que ce qui faute aux yeux,
c'eft l'inconféquence de Roufleau, &
non celle de la Religion Chrétienne.

Comment, en effet, fi la première Religion paroît la plus sûre, la
feconde peut-elle paroître la plus conféquente ? Et comment la troifiéme
peut-elle être la meilleure, fi elle a
tous les préjugés contre elle, & fi

ſon inconſéquence ſaute aux yeux ?
Mais ne demandons pas du raiſonnement à un homme qui ne ſe pique que
de rêver, & qui d'un bout à l'autre
exécute parfaitement ce qu'il a annoncé. Cependant il faut dire que ce
ſont de malins rêves, & qu'il y a ici
un artifice bien médité. Le but de
Rouſſeau eſt de détruire toute Religion ; il ne veut pas faire plus de
grace à l'une qu'à l'autre, & la fin
qu'il ſe propoſe, eſt de ſe ſervir des
unes pour détruire les autres. Ainſi,
en diſant que la première paroît la
plus ſûre, & la ſeconde la plus conſéquente, c'eſt avancer, à mots cou-
verts, que ni l'une ni l'autre n'eſt ſûre
ni conſéquente ; & en diſant que la
troiſiéme peut bien être la meilleure,
mais que tous les préjugés ſont contre elle, & que ſon inconſéquence
ſaute aux yeux, c'eſt dire qu'elle eſt

encore pire que les autres , & qu'il faut par conséquent les rejetter toutes.

Pour détruire tous ces vains fophif- mes , nous allons prouver à Roufſeau que la Religion Chrétienne eſt la plus ancienne de toutes les Religions , qu'elle eſt la plus sûre & la plus con- féquente , ou plutôt la feule sûre & la feule conféquente ; que bien loin d'avoir tous les préjugés contre elle , elle les a tous en ſa faveur. Nous lui ferons voir que la Religion des Juifs telle qu'elle eſt aujourd'hui , n'eſt ni la plus ancienne ni la plus sûre ; & que célle de Mahomet , bien loin d'être la plus conféquente , eſt au con- traire d'une inconféquence qui faute aux yenx , & qu'elle a certainement tous les préjugés contre elle. Commen- çons par cette dernière.

C'eſt ajouter un nouvel éclat à la divinité de la Religion de Jefus-

Chrift, que de faire entrer en paral-
lèle avec elle la Religion de l'impofteur Mahomet. La beauté, la lumière & la fainteté de la Religion Chrétienne paroîtront encore mieux, lorfqu'on la rapprochera de la difformité,
des ténèbres & de la corruption de
celle de Mahomet.

Jefus-Chrift vient dans le monde ;
il prouve par toutes les circonftances
de fa vie, qu'il eft ce Meffie, ce
grand Prophete annoncé par Moyfe ,
prédit par tous les Prophetes ; il rend
témoignage de ce qu'il eft, & de la
divinité de fa miffion, par une multitude infinie de miracles ; il y ajoute
encore un nombre confidérable de
prophéties qui s'accompliffent toutes
exactement : quel perfonnage fera ici
Mohomet ? Où font fes miracles, où
font fes prophéties ? Dans quel Livre
des Ecritures a-t-il été annoncé, fi ce

n'eſt comme un de ces impoſteurs
groſſiers, dont elles nous recomman-
dent d'éviter les piéges & la ſéduction?
Ainſi Mahomet n'a pu donner ou à ſa
perſonne, ou à ſa Religion aucune liai-
ſon réelle ou apparente avec les ſiécles
paſſés. Il n'en faudroit pas davantage
pour le faire rejetter ; parce que,
comme nous le montrerons , toute
Secte qui ne montre pas ſa ſucceſſion
depuis l'origine du monde, ne peut
venir de Dieu. L'expédient que Mahomet a trouvé pour couvrir la tache
de ſa nouveauté, eſt des plus ſingu-
liers. Craignant avec raiſon qu'on ne
cherchât dans les Ecritures des Chrétiens des témoignages de ſa miſſion,
ſemblables à ceux que Jeſus - Chriſt
trouvoit dans les Livres des Juifs , il
a avancé que les Chrétiens & les Juifs
avoient tronqué & falſifié tous leurs
Livres. Mais il n'a pas fourni l'om.
bre

bre de preuves d'une pareille accufation ; il étoit néceffaire que fa perfonne fût annoncée dans les Ecritures , il n'en étoit cependant point
queftion ; donc , felon Mahomet ,
elles avoient été falfifiées ; & contre
toute vraifemblance fes Sectateurs
ignorans l'ont cru fur fa parole.

Mais au moins Mahomet voulant établir une nouvelle Religion ,
auroit-il dû juftifier par quelque miracle , l'ordre & la miffion qu'il pré-
tendoit en avoir reçue. Non - feulement il n'en fait aucun , il ne fe glo-
rifie pas même d'avoir le pouvoir
d'en opérer , & fes Difciples n'ont
ofé lui en attribuer. Il perfuade à fa
femme & à fes Sectateurs , que les
agitations où il tomboit fréquem-
ment , étoient une fuite des commu-
nications ordinaires qu'il avoit avec
l'Ange Gabriel : mais quelle preuve

Partie II.   B b

en donne-t-il ? Ses agitations , fes
extafes en étoient-elles une par elles-
mêmes ? Combien d'impofteurs en ont
fait autant ?

Mahomet prononce lui - même fa
condamnation , & nous prouve l'inconféquence de fa Religion. Il reconnoît que Moyfe eft l'Envoyé de
Dieu ; il déclare la même chofe de
Jefus-Chrift ; il en parle toujours avec
un grand refpect ; il le préfere à tous
les Prophetes ; il l'appelle le Verbe
de Dieu , fa vertu, fon entendement,
fa fageffe ; il reconnoît que fes Difciples étoient de faints perfonnages :
donc Mahomet eft un fourbe & un
impofteur , puifqu'il annonce une doctrine diamétralement oppofée à celle
de Moyfe & des Apôtres , puifqu'il
renverfe la Religion que Jefus-Chrift,
l'Envoyé de Dieu , a établie fur la
terre , puifqu'il rejette la doctrine

qu'il a prêchée aux hommes, pour lui en substituer une nouvelle, sans autorité, sans aucune preuve de la mission qu'il s'arroge.

Qu'il faut être aveugle pour oser comparer Jesus-Christ & sa Religion, avec Mahomet & la Religion qu'il a fondée! Mahomet est un brigand, un voleur, un scélérat, qui mene la vie la plus corrompue, la plus déréglée. Jesus-Christ mene la vie la plus pure, la plus irrépréhensible ; il vient combattre tous les vices, tous les déréglemens ; sa morale porte par-tout le caractère de sa divinité. Aussi ne craint il pas de l'exposer aux yeux des plus clairvoyans ; il ne cache rien ; il dit tout en public ; il veut que tout le monde sçache ce qu'il enseigne ; il ordonne à ses Disciples de prêcher sur les toits ce qu'ils ont pu apprendre de lui dans le secret de la maison.

Après sa résurrection, il fait consigner dans des Livres autentiques la doctrine qui fait le fond de sa Religion ; il veut que ces Livres soient mis entre les mains de tout le monde ; & ces Livres mêmes exhortent tous les hommes à les lire. Mais que Mahomet tient une conduite bien différente ! Il a senti toute l'horreur de sa doctrine ; il en a eu honte lui-même ; aussi a-t-il voulu qu'elle fût ensevelie dans les ténèbres d'une ignorance profonde. Un silence & un secret de politique prescrit par ce Législateur, ont servi à couvrir l'absurdité de ses dogmes. Il défend de lire ses Livres, de peur que ses Sectateurs effrayés, ne se soulevassent contre une doctrine si révoltante, & n'ouvrissent enfin les yeux aux illusions de leur séducteur.

En effet, qui peut soutenir la le-

&ture d'une doctrine auffi horrible que celle de Mahomet ? Pour nous arrê-ter ici à un feul point qui eft la baze de tous les autres, n'eft-on pas faifi d'horreur, quand on voit la béatitu-de infâme que Mahomet propofe à fes Sectateurs pour l'objet de leurs efpérances ? Rien de plus important & de plus effentiel dans une Reli-gion, que la récompenfe qu'elle pro-met comme le terme de toutes les actions qu'elle prefcrit. Telle eft la fin, tels font les moyens : or, quoi de plus impie & de plus déteftable, que la fin & la béatitude de la Reli-gion de Mahomet ? Il n'y a pas de langue chafte qui ofe en parler, ni d'oreilles pures qui puiffent l'enten-dre. Il faut être auffi charnel que des bêtes pour la goûter, & auffi perver-ti que les Démons pour l'approuver. Le Dieu qui promettroit une pareille béatitude, ne seroit digne que de l'exécration de tous les mortels.

Quelle énorme différence entre cette béatitude, & la récompense que Jesus-Christ promet à ses Disciples ! Le bonheur que Jesus-Christ promet à ses Disciples après cette vie, consiste dans une jouissance pleine & parfaite du Dieu qu'ils ont servi ici bas. Toute leur occupation dans le séjour de la gloire, sera de le louer, de l'adorer, de contempler ses perfections infinies. Semblables aux Anges, ils ne sentiront plus aucun des attraits de la concupiscence ; tout sera en eux dans un ordre parfait ; ils jouiront de la paix la plus profonde ; point d'autre volupté pour eux, que de se nourrir sans cesse des douceurs & des beautés de la Vérité éternelle ; leur cœur sera absorbé dans les torrens de délices, qu'elle leur fournira conti-

nuellement ; toujours contens & fa-
tisfaits , fans être jamais dégoûtés , ils
s'enyvreront toujours de nouveaux
plaifirs dans les faints tranfports de
leur amour.

Tels font les grands objets du Chriftianifme. Tout y eft digne de la pureté , de l'excellence & de la divinité
d'une pareille Religion. Le Paradis
de Mahomet , au contraire , eft un
Paradis de chair & de fang , de volupté & de diffolution : les hommes
n'y doivent être occupés qu'à fatisfaire les défirs les plus corrompus ;
toutes leurs délices confifteront à fe
plonger dans les voluptés les plus im-
pures , les plus indignes de la fainteté de Dieu , & de l'excellence de
l'homme.

Laquelle de ces deux doctrines porte le facré caractère de la Divinité ?
Rouffeau oferoit-il dire que celle de

Mahomet vient de Dieu, lui qui exige avec raifon, pour marque de cette origine, qu'elle *porte le facré caractère de la divinité*, qu'elle nous *propofe un culte, une morale & des maximes convenables aux attributs par lefquels feuls nous concevons fon effence ?* Puis donc que la doctrine de Mahomet *ne nous apprend que des chofes abfurdes & fans raifon*, votre Dieu n'eft pas le nôtre, dirai-je à fes Sectateurs après Rouffeau (a).

Si l'on confidère enfin la manière dont Jefus-Chrift établit fa Religion, & fi on la compare avec les moyens que Mahomet emploie pour fonder & étendre la fienne, quel étonnant contrafte ! Tout eft divin & inimitable du côté de Jefus-Chrift : tout eft humain & diabolique du côté de Mahomet. Jefus-Chrift jette les fonde-

(a) *Tom. III, pag.* 148, 149.

mens de fa Religion par la force de fes miracles, par la vertu de fes fouffrances : l'humilité, la douceur, la patience ouvrent les voies à fon Evangile ; il ne cherche qu'à perfuader ; douze pauvres fans fcience, fans lettres & fans armes, forment tout fon cortége ; il n'infpire à fes Difciples que l'humilité, l'amour des fouffrances, le mépris du monde, la fuite de fes grandeurs, la charité à l'égard de tous les hommes, l'union & la paix, la foumiffion à toutes les Puiffances. Il combat tous les préjugés de la chair & du fang ; il attaque l'homme dans tout ce qu'il a de plus cher ; il ne prêche que renoncement à foi-même ; il ne promet ici-bas que croix, que tribulations. Quelle élévation, quelle auftérité dans fa morale ! qu'elle eft révoltante pour des cœurs qui n'ont fçu jufques-là que fatisfaire leurs paffions, qui ne vivent que pour fuivre tous les déréglemens d'une nature corrompue! Cependant, avec une pareille doctrine, il entreprend par le miniftère de fes Apôtres, de convertir tout l'Univers; il les envoie comme des agneaux au milieu des loups, parmi des ennemis de toute efpèce, animés & armés pour les combattre. Ils ne trouvent par - tout que réfiftance, que contradictions; & ces hommes fans crédit, fans aucun appui humain, par leur patience invincible, par leurs fouffrances inexprimables, par leurs infatigables travaux, viennent à bout de former une multitude de Chrétiens, d'étendre de tous côtés la doctrine de l'Evangile & la foi du nom de Jefus-Chrift. Les mêmes moyens qui ont fervi à établir cette Religion, fervent à fa défenfe comme à fon accroiffement. Plus elle eft haïe, plus elle se multiplie : par la mort de millions de Martyrs qui répandent leur sang pour elle, elle s'accroît & n'en devient que plus éclatante ; les persécutions, les souffrances qui ont été son berceau, deviennent sa force & son rempart ; c'est par elles qu'elle triomphe de tous les ennemis qui se sont ligués pour sa ruine.

Mais Mahomet tient bien une autre conduite. Il agit en homme ; il ne fait que ce que les plus scélérats d'entre les hommes avoient fait avant lui ; il n'y a point d'imposteur habile qui ne puisse imiter tout ce qu'il a fait. Il plante sa Secte, le fer & le feu à la main ; ses Soldats sont ses Apôtres ; la force & la violence sont les moyens qu'il emploie pour persuader ; il convertit les peuples, en tuant ceux qui s'opposent à lui ; il trompe des peu-

ples souverainement ignorans ; il pro-
fite des divisions de son voisinage,
pour y étendre par les armes une Religion toute sensuelle ; il attire les
hommes, en flattant toutes les passions ; il les séduit, en ne leur propo-
sant rien de contraire aux inclinations
de la cupidité ; sa doctrine en favo-
rise presque tous les penchans. Qu'y
a-t-il de merveilleux dans toute cette
conduite ? On y voit le triomphe de
la violence, de la politique, de la
cupidité & des passions. Celle de Jesus-Christ, au contraire, ne présente
que le triomphe de la charité, de la
patience & de toutes les vertus.

Le plus grand argument que Mahomet puisse apporter pour défendre
sa Secte, est le succès de ses armes &
la grandeur de son Empire. Mais en
cela, quoi d'extraordinaire & de plus
qu'humain ? Alexandre qui, en douze

ans, fe rend maître de la moitié du monde, n'eft-il pas fans comparaifon plus admirable que Mahomet dans le progrès que fa Secte fait en bien plus de temps? Et les Romains, devenus maîtres de la plus grande partie de l'Univers, étendant avec leurs conquêtes le culte de leurs Dieux, n'auroient-ils pas eu autant de droit que Mahomet, de conclure du progrès & de la rapidité de ces conquêtes, la divinité de leur Religion & des Dieux qu'ils adoroient ? Il n'y a donc rien de furprenant dans l'établiffement de la Religion Mahométane, puifqu'elle ne s'eft introduite que par la force, l'ignorance & la concupifcence. Il n'eft pas étrange que des caufes humaines produifent un effet humain qui leur eft afforti. Mais tout eft furprenant dans l'établiffement & le progrès de la Religion Chrétienne.

Tout est si contraire entre ces deux Religions, que *si Mahomet (a) a pris la voie de réussir humainement, Jesus-Christ a pris celle de périr humainement. Et au lieu de conclure que puisque Mahomet a réussi, Jesus-Christ a bien pu réussir ; il faut dire que puisque Mahomet a réussi, le Christianisme devoit périr, s'il n'eût été soutenu par une force toute divine.*

Peut-on ensuite entendre, sans indignation & sans horreur, Rousseau nous dire : » A Constantinople (b) les » Turcs disent leurs raisons ; mais » nous n'osons dire les nôtres ; là, c'est » notre tour de ramper. Si les Turcs » exigent de nous pour Mahomet, » auquel nous ne croyons point, le » même respect que nous exigeons » pour Jesus-Christ des Juifs qui n'y

(a) *Pascal.*
(b) *Tom. III, p. 167.*

» croient pas davantage ; les Turcs
» ont-ils tort ? avons - nous raifon ?
» Sur quel principe équitable réfou-
» drons - nous cette queſtion « ? Il
n'eſt point de vrai Chrétien qui ram-
pe à Conſtantinople ou ailleurs. Tout
vrai Chrétien eſt toujours prêt à rendre compte de ſa Foi par-tout où il
ſe trouve ; la diſſimuler, feroit la tra-
hir ; c'eſt un ſacrilége pour un vrai
Chrétien , de déguiſer ſa Religion ;
il doit être toujours diſpoſé à con-
feſſer celui qu'il adore , il ne peut en
rougir ſans y renoncer ; & comment
n'oſeroit-il pas rendre raiſon d'une
Foi appuyée ſur de ſi ſolides fondemens ? Que Rouſſeau connoît mal
l'eſprit du Chriſtianiſme ! Les Chrétiens qui vivoient autrefois parmi les
Payens , avoient - ils honte de dire
leurs raiſons ? Ne les portoient - ils
pas dans de magnifiques apologies ,

avec une généreuse fermeté aux pieds des Tribunaux, des Juges & des Empereurs ? Ne les publioient - ils pas avec un courage & une constance iné-branlable au milieu des tourmens les plus affreux, des supplices les plus inhumains ? » Nous le disons haute-» ment, s'écrioit Tertullien (a), nous » le disons à la face de tous les hom-» mes, & au milieu des tourmens les » plus affreux, le corps déchiré en » piéces & ruisselant de sang ; nous » crions de toutes nos forces que nous » adorons Dieu par le Christ «. Tout Chrétien qui n'est pas dans la dispo-sition d'imiter ces illustres exemples de la foi de nos pères, peut ramper à Constantinople, il cesse dès - lors d'être Chrétien, il est indigne du nom qu'il porte. Mais Rousseau peut - il ignorer qu'une multitude de Chré-

(a) Apolog.

tiens ont librement confeffé J. C. &
donné leur vie chez les Turcs comme
chez les Payens ?

Tout ce que nous avons déja dit
pour établir la Religion Chrétienne ;
les preuves que nous venons de donner de la fauffeté de celle de Mahomet , toutes ces raifons répondent
pleinement à la queftion infidieufe de
Rouffeau. Il eft clair que les Turcs
n'ont aucun droit d'*exiger de nous pour
Mahomet , auquel nous ne croyons
point , le même refpect que nous exigeons pour Jefus-Chrift , des Juifs qui
n'y croient pas davantage.* Ne faut-il
pas être frappé du dernier aveuglement , pour nous demander : *Les
Turcs ont-ils tort , avons-nous raifon ?
Sur quel principe équitable réfoudrons-
nous cette queftion ?* Et moi je deman-
derai à Rouffeau , fur quel principe
équitable peut - il faire une pareille

queſtion ? En manquons - nous pour la réſoudre ? Quelle parité ! quelle reſſemblance peut trouver Rouſſeau entre deux Religions ſi diſparates ? Nous ne prétendons point avoir droit de forcer les Juifs à rendre à Jeſus-Chriſt le même reſpect que nous, comme les Mahométans prétendent avoir droit de le faire en faveur de Mahomet. Il eſt indigne de la Religion Chrétienne d'uſer de violence, & de contraindre la foi qu'elle exige. Elle ne s'eſt établie que par les ſouffrances, l'humilité, la patience, & la force de ſes raiſons ; elle ne doit être maintenue que par de ſemblables moyens : tous ceux qui en employeroient d'autres pour l'étendre, ne ſeroient point animés de l'eſprit de ſes Fondateurs : ils bleſſeroient ouvertement l'eſſence & les principes du Chriſtianiſme.

Mais nous prétendons avoir des raisons décisives & des preuves de la dernière évidence pour engager les Juifs à rendre à Jesus-Christ le respect, le culte & l'adoration que nous lui rendons. Nous prétendons leur prouver que Jesus-Christ est ce Messie que toute leur Loi a prédit, figuré & annoncé ; ce Messie qu'ils ont toujours attendu & qu'ils attendent encore, mais en vain : enfin nous prétendons leur démontrer que la Religion Chrétienne est toute fondée sur la Loi & les Prophetes ; la même, quant au fond, que celle des Juifs avant la venue de Jesus - Christ, la même que celle des Patriarches, des Justes & des Saints de tous les temps.

Il est essentiel à la vraie Religion d'être aussi ancienne que le monde. Dieu ayant créé le genre humain, & l'ayant fait à son image, il lui a sans

doute enseigné dès ce commencement, la vraie manière de le servir
& de lui plaire. Ainsi toute Religion
qui ne peut remonter par sa succession jusqu'à l'origine du monde, ne
peut venir de Dieu : mais au contraire celle qui embrasse toute la durée des temps, a certainement Dieu
pour Auteur. Or tel est le caractère
de la Religion Chrétienne.

Si Jesus-Christ est le Messie annoncé par les Prophetes, dès-lors cette
Religion, tirant son origine du Ciel,
elle est aussi ancienne que le monde;
elle n'a jamais cessé d'être, son nom
seul est nouveau. Cette Religion est
celle d'Adam, de tous les Saints avant
la Loi, d'Abraham, des Patriarches
& de tous les Juifs. Tous les enfans
de Dieu ont toujours cru ce que nous
croyons, espéré ce que nous possé-
dons, attendu ce que nous voyons.

Ils se sont sanctifiés en croyant que ce Messie viendroit , comme nous le sommes en croyant qu'il est venu. La même grace qui nous a été donnée par Jesus - Christ , leur a été aussi communiquée par ses mérites anticipés. Tous leurs vœux & tous leurs désirs se portoient vers ce grand objet ; toute la Religion des Juifs n'étoit que l'avant-coureur de ce grand avénement ; leurs sacrifices , leur loi , leurs cérémonies tendoient toutes à cette unique fin ; elles n'avoient d'autre but que de préparer les voies au Messie , & de rendre sensible à un Peuple grossier , des mystères trop élevés pour lui. C'étoit comme un voile sous lequel il étoit caché , & qui devoit disparoître dès qu'il se manifesteroit. Par conséquent si Jesus-Christ est le Messie , la Religion Chrétienne est aussi ancienne que le monde ;

C c iij

puifque par Jefus - Chrift fon Chef
elle raffemble tous les fiécles ; puifque dans tous les temps, J. C. attendu
ou donné , a fait l'objet de l'efpéran-
ce & de la confolation des vrais adorateurs ; puifque toujours on a reconnu
le même Dieu comme principe de
toutes chofes , & le même Chrift ,
comme réparateur du genre-humain.
Jefus Chrift eft le centre qui réunit
les deux Peuples pour n'en faire qu'un :
la Religion , dans l'état de nature ,
prépare les voies à la Loi ; la Loi
vient au-devant de l'Evangile ; la fuc-
ceffion de Moyfe & des Patriarches ,
ne fait qu'une même fuite avec celle
de Jefus-Chrift : être attendu, venir,
être reconnu par une poftérité qui dure autant que le monde , c'eft le caractère du Meffie : *Jefus-Chrift eft aujourd'hui, il étoit hier , & il eft dans les
fiécles des fiécles.* Hebr. 13.

Il nous fuffit donc de démontrer que Jefus-Chrift eft le vrai Meffie, pour conclure en même-temps que la Religion Chrétienne eft la plus ancienne Religion du monde, & par conféquent la feule véritable. Examinons par les Livres mêmes des Juifs, quels doivent être les caractères du Meffie, & nous verrons qu'ils conviennent parfaitement à la Perfonne de Jefus Chrift : & d'abord le temps & les circonftances de la venue du Meffie font décififs en faveur de Jefus-Chrift.

La célèbre prophétie de Jacob, marque expreffément *que le fceptre*, c'eft-à-dire l'autorité, *ne fera point ôté de Juda* (a), *& qu'on verra toujours des chefs & des conducteurs du Peuple de Dieu tirés de fa race, jufqu'à la venue de celui qui doit être envoyé, & qui*

(a) Génef. c. 49.

fait l'objet de l'attente des peuples.
Tous les anciens Juifs conviennent
unanimement que cette prophétie regarde le Meſſie , & la plûpart des
modernes le penſent auſſi : d'ailleurs
les termes de la prophétie déſignent
clairement le Meſſie. Il eſt viſible que
Jacob parle de celui qui avoit été promis à ſes pères , qui devoit faire l'attente de toutes les Nations , en qui
& par qui elles devoient être bénies,
Il n'eſt donc plus queſtion que de ſçavoir ſi les Juifs , & la Tribu de Juda
en particulier , ſe ſont trouvés à la
venue de Jeſus-Chriſt , & ſe trouvent
encore dans l'état annoncé par la prophétie. Or il eſt certain que la Tribu
de Juda avoit perdu ſa prééminence
lorſque Jeſus-Chriſt a paru , & que
les Juifs n'avoient plus l'autorité de
ſe gouverner eux – mêmes par leurs
propres Magiſtrats , avec pouvoir de

vie & de mort. Ils en font eux-mêmes
un aveu public, lorsque demandant
à Pilate la mort de Jesus-Christ, ils
déclarent qu'il ne leur est permis de
faire mourir personne : *Nobis non li-
cet interficere quemquam ;* & en criant,
Nous n'avons point d'autre Roi que
César, ils reconnoissoient publiquement que Jesus-Christ étoit le Messie,
puisqu'ils n'avoient plus de Roi ni de
Chef de leur Nation, & qu'ils n'en
vouloient pas même d'autre que l'é-
tranger qui les gouvernoit alors.

Pour prévenir toutes les difficultés,
il est important de remarquer que
dans toutes les autres révolutions ar-
rivées au Peuple Juif, & malgré les
divers états par lesquels il avoit passé,
il étoit cependant toujours demeuré
en corps de Peuple réglé, & de Royaume qui use de ses droits. On y voit
toujours des Rois, ou des Magistrats,

ou des Juges de fa Nation qui le gou-
vernent ; mais à la venue de Jefus-
Chrift , le Royaume de Juda tombe
en ruine , il eft entiérement détruit ,
le peuple Juif eft chaffé fans efpé-
rance , de la terre de fes pères ; &
cette dernière & épouvantable défo-
lation , n'eft plus une tranfmigration
comme celle de Babylone , ni une
fufpenfion de gouvernement & de l'é-
tat du Peuple de Dieu : c'eft une entière & abfolue extinction de toute efpèce d'autorité ou de gouvernement.
Exemple inoui ! elle dure depuis dix-
fept fiécles : Jefus-Chrift eft donc le
Meffie.

Tandis que Daniel eft occupé de
la captivité de fon peuple à Babylone , & des foixante-dix ans dans lefquels Dieu avoit voulu la renfermer ;
au milieu des vœux qu'il fait pour la
délivrance de fes frères , il eft tout-

à-coup élevé à des objets plus importans. Au lieu des foixante & dix années prédites par Jérémie, (*a*), il
voit foixante & dix femaines qui doivent commencer depuis l'ordre donné
par Artaxercès - Longue - main , la
vingtiéme année de fon régne , pour
bâtir la Ville de Jérufalem. Sur la fin
de ces femaines eft fixée *la rémiffion*
des péchés , le régne éternel de la ju-
ftice , l'entier accompliffement des pro-
phéties , l'onction du Saint des Saints.
Après les foixante-neuf premières fe-
maines , le Chrift doit paroître , faire
fa miffion ; *il doit être mis à mort ,*
mourir de mort violente , OCCIDETUR.
Une femaine eft diftinguée entre toute les autres , c'eft la dernière & la
foixante - dixiéme , celle où le Chrift
eft immolé , ou *l'alliance eft confir-*
mée , & au milieu de laquelle l'hoftie

(*a*) Dan. 9.

& les sacrifices sont abolis. Après la mort du Christ , *le peuple qui l'a renoncé n'est plus son peuple ,* on ne voit plus qu'horreur & confusion , *la Ville & le Sanctuaire sont ruinés , un peuple avec son Chef sont envoyés pour tout perdre ; l'abomination est dans le Temple , & la guerre ne finit que par une désolation universelle.*

Les semaines de Daniel réduites en semaines d'années , selon l'usage de l'Ecriture & comme les semaines de la captivité de Babylone , forment un totale de 490 ans , qui , depuis l'Edit donné par Artaxercès', nous conduisent précisément à la dernière semaine où Jesus-Christ exerça son ministère public , où par sa mort il mit fin aux sacrifices de la Loi , en accomplit les figures & fonda son Eglise. On peut faire différentes supputations de ces semaines ; mais de quelque manière qu'on les compte, il faut nécessairement qu'elles viennent se terminer à Jesus-Christ : car Dieu a prévenu toutes les difficultés qu'on pourroit faire, par une décision qui ne laisse aucune réplique. Un événement manifeste nous met au-dessus de toutes les chicanes de la mauvaise foi. La ruine totale de Jérusalem & des Juifs, qui a suivi de si près la mort de Jesus-Christ ; la justice & la rémission des péchés annoncées en son nom à tous les Peuples, doivent forcer les plus endurcis à reconnoître en sa Personne l'accomplissement de la prophétie.

Pendant qu'on bâtissoit le second Temple, les vieillards qui avoient vu le premier, fondoient en larmes, en comparant la pauvreté de ce dernier édifice avec la magnificence du premier. Le Prophete Aggée, éclairé

d'une lumière divine (*a*), eſt tranſporté dans l'avenir, & va les conſoler ;
il publie la gloire future du ſecond
Temple, & annonce *qu'elle ſurpaſſe-*
ra de beaucoup celle du premier. La raiſon qu'il en donne, c'eſt que *le Dé-*
ſiré des Nations arrivera, & paroîtra
dans ce nouveau Temple ; *la paix y*
ſera établie, tout l'Univers ému ren-
dra témoignage à la venue de ſon Ré-
dempteur, & il n'y a plus *qu'un peu*
de temps à l'attendre.

Malachie voit auſſi la gloire du ſecond Temple (*b*), & le Meſſie qui
l'honore de ſa préſence. *Un Ange eſt*
envoyé pour lui préparer les voies,
mais celui qui l'annonce eſt un Envoyé d'un ordre tout nouveau ; un
Envoyé qui eſt *le Seigneur*, qui entre dans le Temple, comme dans le

(*a*) *Aggée*, 2.
(*b*) *Malachie*, 3.

lieu de fa réfidence ordinaire ; un Envoyé défiré par tout le Peuple, qui vient faire une nouvelle alliance, & qui, par cette raifon, eft appellé par excellence, *l'Ange du Teftament : & incontinent*, dit le Prophete, *vous verrez arriver dans fon faint Temple l_e Seigneur que vous cherchez, & l'Ange de l'alliance que vous défirez.* Il eft clair qu'il eft queftion du Meffie dans ces deux prophéties ; lui feul peut donner la paix aux hommes, en les réconciliant avec Dieu ; lui feul eft le Défiré des Nations ; lui feul eft le Seigneur qui puiffe avoir un Temple ; lui feul enfin peut, par fa préfence, communiquer au fecond Temple une gloire qui furpaffe & efface celle du premier. Or, peu d'années après la mort de Jefus-Chrift, qui avoit fi fou-vent paru dans le fecond Temple, qui y avoit tant de fois fait éclater la

gloire de sa puissance & de sa sagesse : ce Temple a été entiérement
détruit : il a donc reçu la gloire qui
lui étoit promise, le Messie est donc
venu, Jesus-Christ est donc ce Messie,
puisqu'en son nom la paix a été annoncée & procurée aux hommes, &
que les Peuples émus & agités, ont
senti les heureux effets de sa venue.

Si de-là nous descendons à ce détail immense de prophéties qui dépeignent tous les caractères du Messie, toutes les circonstances de sa vie,
toute la suite de ses actions, peuton encore ne pas y reconnoître J. C. ?

Peut-on s'empêcher de voir Jesus
Christ dans toutes ces prophéties qui
marquent le nom du Messie, son origine, la manière & le lieu de sa naissance, son ministère, les œuvres &
les miracles qui l'accompagnent, ses
humiliations, sa passion, sa mort,

les

les suites & les effets de ses souffrances ; c'est-à-dire, la vocation des Gentils à la Foi, & la ruine de la Nation Juive ? Arrêtons - nous ici aux plus importantes & aux plus décisives de ces prophéties, & nous serons forcés de convenir que les Prophetes, en faisant le portrait du Messie, ont peint Jesus-Christ trait pour trait.

Les humiliations, l'état d'anéantissement où Jesus-Christ s'est réduit pour nous, ses souffrances sont devenues pour les Juifs un sujet de scandale, & les ont portés à le méconnoître. Mais c'est précisément ce qui devoit les engager à recevoir Jesus-Christ, & à conclurre qu'il étoit le Messie, en y réunissant toutes les autres circonstances qui caractérisoient sa personne.

Les Prophetes, en publiant les magnificences du Messie, n'ont pas tu ſes opprobres ; ils l'ont vu *vendu (a)* ; ils ont ſçu le nombre & l'emploi des *trente pièces d'argent dont il a été acheté (b)* ; ils ont annoncé que *le Paſteur ſeroit frappé , & les brebis diſperſées (c)* : en même temps qu'ils l'ont vu *grand & élevé (d)*, ils l'ont vu *raſſaſié d'opprobres , mépriſé & méconnoiſſable au milieu des hommes ; l'étonnement du monde*, autant par ſa baſſeſſe que par ſa grandeur, *le dernier des hommes , l'homme de douleur , chargé de tous nos péchés , bienfaiſant & méconnu , défiguré par ſes plaies , & par là guériſſant les nôtres , chargé d'ignominie , eſtimé plutôt un ver de terre qu'un homme (e) , abandonnant ſon corps à ceux qui le frap-*

(a) Zacharie , 11.
(b) Thren. 3.
(c) Zacharie , 13.
(d) Iſaïe , 51 , 52.
(e) Ibid. 50.

poient, & ne détournant point son vi-
sage de ceux qui le couvroient d'injures & de crachats, traité comme un cri-
minel, mené au supplice avec des mé-
chans, & se livrant comme un agneau
paisiblement à la mort, sans que
personne prenne sa defense (a) : ils
ont vu naître de lui par ses souffrances
une longue postérité (b) , & la conversion des impies devenue le fruit & la récompense de sa mort. David voit ses
pieds & ses mains percés (c), tous ses
os marqués sur sa peau par le poids de
son corps violemment suspendu, ses
habits partagés (d) , sa robe jettée
au sort, sa langue abreuvée de fiel &
de vinaigre, ses ennemis frémissant autour de lui & s'assouvissant de son
sang, insultant à sa patience & à sa con-

(a) Daniel, 9.
(b) Isaïe, 53.
(c) Psal. 21.
(d) Psal. 68.

D d ij

fiance *en Dieu* : & ce qui prouve clairement qu'il eft occupé du Meſſie , il
voit en même-temps , comme Iſaïe ,
pour prix de ſes humiliations , *tous les*
peuples de la terre ſe reſſouvenir de leur
Dieu (*a*) , oublié depuis tant de ſiécles ; il voit *les pauvres venir* les premiers *à la table du Meſſie* , & après
eux *les riches & les puiſſans l'adorer &*
le bénir , lui préſidant dans *la grande*
& nombreuſe *Egliſe* , c'eſt-à-dire ,
dans l'aſſemblée des Nations conver-
ties , *& y annonçant à ſes frères le*
nom de Dieu , & ces vérités éternelles. On ne peut conteſter qu'il ne ſoit
dans tous ces textes queſtion du Meſ-
-ſie. Celui dont parle Iſaïe , *ſe charge*
volontairement de toutes nos iniquités ,
il ne ſouffre que parce qu'il le veut :
Oblatus eſt , quia ipſe voluit. *Nous*
nous étions tous égarés , *& il eſt percé*

______

(*a*) *Pſal.* 21.

de plaies pour nos iniquités ; chacun s'étoit détourné pour suivre sa propre voie, & Dieu le frappe & le brise pour expier nos crimes, & nous procurer la paix. Un si grand caractère peut-il convenir à un autre qu'au Messie ?

Ainsi les Juifs, en faisant souffrir & mourir Jesus-Christ, lui ont donné la dernière marque du Messie, & ont mis le dernier sceau à l'accomplissement des prophéties qui le regardoient. Pourrions-nous méconnoître Jesus-Christ, puisque les Juifs l'ont traité en tout, comme le Messie devoit l'être ? Que ses souffrances nous doivent être chères & précieuses, puisqu'elles font notre prix & notre rançon ; puisqu'il n'a souffert, que parce qu'il a bien voulu se charger de ce que nous devions à la justice divine !

La connoissance de Dieu répandue par tout l'Univers, la conversion des

Gentils , & la bénédiction de tous les peuples promise depuis si long-temps à Abraham , est marquée dans les Prophetes comme le signe certain & le fruit de la venue du Messie. Ils annoncent dans les termes les plus magnifiques, la bénédiction qui doit être répandue sur les Gentils par l'arrivée du Messie. *Ce rejetton de Jessé* (a) paroît à Isaïe *comme un signe que Dieu donne aux Peuples & aux Gentils , afin qu'ils l'invoquent. Il doit les laver par une sainte aspersion* (b) ; *ceux qui n'ont jamais entendu parler de lui le voient ; ceux qui ne le cherchoient point le trouvent ; ceux à qui il étoit inconnu , sont appellés pour le contempler. C'est le témoin donné aux Peuples* (c) , *c'est le Chef & le Maître des Gentils ; sous lui ils accourent de tous côtés. Il appren-*

(a) Isaïe , 11.
(b) Ibid. 52 , 53 , 65.
(c) Ibid. 55.

dra la justice aux Nations, il fera leur lumière; il ouvrira les yeux des aveugles (a), & tirera les captifs de leur prison. Sous son régne admirable, *les Assyriens & les Egyptiens* (b) ne feront plus avec les Israélites qu'un même Peuple de Dieu, & il est l'auteur du salut jusqu'aux extrémités de la terre. Les Nations qui font au-delà de la mer (c), l'Afrique, la Libye, les Peuples de l'Occident, les Isles les plus reculées reçoivent ses envoyés dans lesquels il a mis son signe, & ils leur font connoître sa gloire. Ces Nations viendront lui offrir leurs prières, & son sépulchre sera glorieux parmi elles (d); le Seigneur seul paroîtra (e) grand en ce jour-là, & toutes les Ido-

(a) Isaïe, 42.
(b) Ibid. 19, 49.
(c) Ibid. 66.
(d) Ibid. 11.
(e) Ibid. 2.

les seront brisées. Les Peuples frémis-
sent en vain (a) ; les Rois & les Prin-
ces font d'inutiles complots contre le
Seigneur & son Christ. Dieu se rit du
haut du Ciel de leurs projets insensés ;
il établit malgré eux l'empire de son
Christ ; il l'établit sur eux - mêmes ;
les Rois viennent l'adorer (b) , pour
marque de leurs hommages, *ils lui*
offrent des présens (c), *& ils se tien-*
nent devant lui dans un silence respe-
ctueux.

Il n'y a plus qu'à considérer ce qui
est arrivé après la venue de Jesus-
Christ, pour sçavoir s'il est ce Messie
promis qui doit être la lumière & le
salut des Nations. Or, comment se
refuser ici à la lumière qui brille de
toutes parts ? Il n'est plus question

(*a*) *Psal.* 2.
(*b*) *Psal.* 72.
(*c*) *Isaïe*, 55.

de raifonner, il ne faut qu'ouvrir les yeux, & confidérer le changement arrivé dans l'Univers. Jefus - Chrift ordonne à fes Apôtres de porter l'Evangile par toute la terre : ils partent ; tout ce qu'il y a de grand dans le monde s'unit contre cette Religion naiffante. Les uns écrivent, les autres condamnent, les autres tuent ; & malgré toutes ces oppofitions, Jefus - Chrift détruit le culte Judaïque dans Jérufalem qui en étoit le centre, & dont il fait fa première Eglife ; & le culte des Idoles dans Rome qui en étoit le centre, & dont il fait fa principale Eglife ; & tout cela fe fait par la feule force de cette parole qui l'avoit prédit. Une vertu fecrette fort de la Croix, toutes les Idoles font ébranlées, elles tombent par terre, quoique foutenues de toute la puiffance des hommes. Ce ne font point les fages , ce ne font point les nobles , ce ne font point les puiffans dont Dieu fe fert pour opérer une fi grande merveille. L'œuvre de Dieu commencée par les humiliations de Jefus - Chrift , fe confomme par les humiliations de fes Difciples. Dieu choifit ce qu'il y a de plus vil , ce qui eft fou felon le monde , pour confondre les fages ; ce qui eft foible & méprifable en apparence , pour confondre les forces & les puiffances du fiécle. Douze hommes , le rebut du monde , & le néant même aux yeux de la chair , prévalent contre tous les Empereurs & les Empires , & confondent toutes les Idoles avec toute la grandeur humaine qui s'intéreffoit à leur défenfe.

La puiffance Romaine , à qui juf-ques-là rien n'avoit pu réfifter , fuccombe fans fouffrir de violence. On voit des Chrétiens , fans révolte , fans faire aucun trouble , & feulement en fouffrant toutes fortes d'inhumanités , changer la face du monde , & s'étendre par tout l'Univers. Les Nations les plus attachées à l'idolatrie , y renoncent pour n'adorer que le feul vrai Dieu. Les Romains eux-mêmes , les Grecs , les Peuples de tous les pays , de toutes les contrées , reconnoiffent en foule la vanité de leurs Idoles. Il n'y a pas jufqu'à ces peuples vagabonds qui erroient de côté & d'autre fur des chariots , fans avoir de demeure fixe ; qui , par la vertu du nom de Jefus-Chrift , embraffent le culte du vrai Dieu. L'ufurpateur eft chaffé de toutes parts ; & le fort armé , après en avoir triomphé , fe charge de toutes fes dépouilles pour les confacrer au feul vrai Dieu. La promptitude avec laquelle fe fait un

ſi grand changement, eſt un miracle viſible ; mais le plus grand de
tous les miracles, c'eſt qu'avec la foi
des myſtères les plus relevés, les vertus les plus éminentes & les prati-
ques les plus pénibles, ſe répandent
par-tout.

Quel étonnant changement dans
l'Univers entier ! le voile eſt tiré,
les ténèbres ſont diſſipées, les hommes comprennent dès-lors combien
ils ſe ſont dégradés & avilis, en ſe
proſtituant à d'indignes créatures ; ils
ſentent la dignité de leur nature, ils
connoiſſent qu'ils ſont faits pour quelque choſe de plus grand, & ſeul capable de remplir la vaſte étendue de
leurs cœurs ; les ſçavans ne ſont pas
les ſeuls qui ſoutiennent & affirment
ces grandes vérités : les ſimples & les
ignorans parmi tant de Nations différentes, les croient & les publient

également par leur conduite & leurs
actions.

Souffrir tout pour la vérité, eſt parmi eux l'exercice ordinaire ; ils courent aux tourmens avec plus d'ardeur, que les autres aux délices,
*Sicut apes ad alvearia, ſic illi ad mar-
tyria* ; [Julien l'Apoſtat] & par leur
mépris pour la vie préſente, ils établiſſent l'immortalité de l'ame & la
vérité d'un avenir plus ſolidement
que n'auroient pu faire tous les Philoſophes par leurs raiſonnemens.

Quoi de plus divin & de plus
merveilleux ! des hommes livrés à
toutes leurs paſſions, à tous les déſirs déréglés de la chair & des ſens,
ſe ſéparent avec la plus vive ſatisfa-
ction de tous les objets où leur cœur
ſe portoit autrefois avec tant d'ardeur ; ſe privent avec joie des choſes
les plus néceſſaires à la vie, & trou-

vent plus de délices dans les larmes & les austérités de la pénitence, qu'ils n'en ressentoient dans tous les vains plaisirs du mon!e! Des hommes plongés dans tous les vices, deviennent subitement chastes, vertueux, sobres & tempérans : la terre tout-à-coup embrasée de la charité la plus ardente & la plus pure, fournit par-tout les plus étonnans exemples de sainteté. Les grands renoncent à leur grandeur, les riches à leurs biens, les enfans abandonnent la maison de leurs pères, pour aller peupler les déserts, & s'y livrer avec une pleine liberté aux saints désirs qui les consument. Des cœurs dominés par l'orgueil le plus indomptable, qui ignoroient ce que c'est que souffrir & pardonner les injures, deviennent en un instant si doux & si patiens, que les outrages les plus sensibles, les plus atroces & les plus ignominieux , n'ont pour eux rien de dur & de pénible ; ils y trouvent leur bonheur & leur gloire. L'humilité , cette vertu dont le nom même étoit jusqu'alors inconnu , préfente à l'Univers le fpectacle le plus raviffant : fes Difciples, humbles jufqu'au mépris d'eux mêmes , ne cherchant d'autre gloire que celle de l'Invifible, mettant toute leur grandeur à s'abaiffer devant leurs frères , autant par les fentimens de leurs cœurs que par leurs actions. Céder aux autres eft pour eux un honneur. Quelle paix ! quelle heureufe harmonie entre les membres de cette nouvelle Société , que la charité a formée , que la charité foutient ! On s'oublie foi-même pour ne s'occuper que de l'intérêt & de l'avantage des autres.

On les voit tous , jufqu'à ces hommes fi barbares & fi féroces , qui ne

respiroient que meurtres & que sang,
qu'aucune loi, qu'aucune police n'a-
voit pu civiliser ni humaniser ; on
les voit ne faire qu'un cœur & qu'u-
ne ame brûler de la plus ardente charité, non-seulement pour leurs frères, mais pour leurs ennemis & leurs
bourreaux mêmes, se dépouiller de
tout pour subvenir à leurs besoins,
& disposés à se sacrifier eux-mêmes,
si le bien des uns ou des autres peut
leur en fournir la moindre occasion.
Ainsi la terre devenue un monde nouveau, nous montre dans toutes ses
parties une multitude de personnes
de tout sexe, de tout état, qui parve-
nues au détachement le plus universel, ne se regardent plus désormais
que comme étrangeres ici-bas ; qui,
dégoûtées de toutes les choses de la
vie, & de la vie elle-même, ne sou-
pirent plus qu'après les choses du
Ciel ;

Ciel ; qui hâtent par leurs désirs une mort pénible à la nature ; mais que la foi leur rend douce & aimable par la vue du bonheur dont elle doit leur procurer la possession.

Rousseau n'avoit-il pas raison de nous dire dans un de ses Ouvrages : *Quel argument contre l'Incredule, que la vie du vrai Chrétien ! s'il y faisoit attention, il seroit forcé de s'écrier : Non, l'homme n'est pas ainsi par lui-même ; quelque chose de plus qu'humain régne ici.* Oui, les effets merveilleux, les fruits précieux qu'a produit dans le monde la Religion Chrétienne, sont plus qu'humains & naturels. Les Philosophes n'avoient pu persuader qu'à très-peu de Disciples, de suivre leur doctrine ; & Jesus-Christ même après sa mort, ne paroissant plus sur la terre, persuade aux Peuples & aux Nations d'embrasser son Evangile. Ne

Part. II.   E e

faut - il pas que *quelque chose de plus qu'humain régne ici* ? La doctrine de Jesus - Chrift qui attaque & révolte toutes les paffions, s'étend de tous les côtés au milieu des plus grandes traverfes & des combats qui lui font fufcités de toutes parts. Il établit fon Eglife, il la fonde fur le martyre & les fouffrances, il la tient durant trois cents ans dans cet état fi violent, fans qu'elle ait un feul moment pour fe repofer. *L'homme eft - il ainfi par lui-même ?* Enfin Jefus-Chrift, après avoir fait voir par une fi longue ex-périence, qu'il n'avoit pas befoin du fecours des hommes, ni des puiffan-ces de la terre, pour établir fon Egli-fe, il y appelle les Rois & les Em-pereurs, il les rend les protecteurs du Chriftianifme, ils accourent de tou-tes parts, & tout ce qui étoit annon-cé dans les Prophetes, de la gloire

future de l'Eglife ; s'accomplit à la let-
tre aux yeux de toute la terre.

D'où vient cette force qui a pu
opérer un changement fi merveilleux ? Le Meffie eft venu , Jefus-
Chrift eft ce Meffie. Voilà le fecret de
cette énigme ; la promeffe qui avoit
été faite de bénir en fon nom toutes
les Nations , de les lui donner pour
héritage , s'accomplit aujourd'hui : il
attire tout à lui par fa mort , comme
il l'avoit annoncé. L'Efprit qui avoit
été promis depuis fi long-temps , eft
répandu fur toute chair par la vertu
de fon facrifice : *Effundam Spiritum
meum fuper omnem carnem* (*a*). La
nouvelle alliance dont le Meffie devoit être le Médiateur , eft fcellée
par le fang de Jefus-Chrift ; & par une
fuite naturelle de cette alliance (*b*) ,

(*a*) *Joel*. 1.
(*b*) *Jérémie* , 33.

E e ij

Dieu imprime sa loi , non plus sur la pierre , comme autrefois , mais il l'écrit & la grave dans le fond des cœurs. Il arrache le cœur de pierre pour en subftituer un de chair ; les Nations deviennent son peuple , & il eft leur Dieu ; tous connoiffent le Seigneur depuis le plus petit jufqu'au plus grand, leurs iniquités font lavées dans le fang du Médiateur de la nouvelle alliance , & la juftice eft établie fur la terre.

Il n'eft donc pas poffible de contefter que le Meffie foit venu , & que Jefus - Chrift en réuniffe tous les caractères. Que le Juif aveugle ouvre enfin les yeux à la lumière qui fe préfente de toutes parts pour l'éclairer. Son culte , fes facrifices & fes cérémonies ont été répudiés & aréantis fans aucune reffource , pour y fubftituer un culte plus pur , & un facrifice plus digne de Dieu , comme le Prophete l'avoit prédit : *Vous ne m'ê- tes point agréable (a) , dit le Seigneur des armées , & je ne veux plus recevoir de vos mains aucune oblation ; car depuis le lever du Soleil jusqu'à son coucher , mon Nom sera grand parmi les Nations , & dans tous les lieux on offrira en mon Nom un sacrifice de bonne odeur , une oblation pure ; parce que mon Nom sera grand parmi les Nations, parce que je suis le grand Roi , & que mon Nom sera révéré par tous les Peuples.* Pour offrir ce nouveau sacrifice & cette nouvelle oblation , Dieu s'est choisi *des Prêtres & des Lévites parmi les Nations (b)* , comme il l'avoit annoncé. La succession des Pontifes de la Loi Judaïque perpétuelle & inaltérable depuis Aaron , s'est éteinte avec

(*a*) Malach. 1.
(*b*) Isaïe , 66.

le Temple ; & Dieu, pour marquer d'une manière plus frappante , que c'étoit sans ressource, a fait que la distinction des tribus & des familles, si soigneusement conservée jusqu'alors , soit périe ; & les Juifs conviennent eux mêmes de ce fait Par - là Dieu a déclaré que le Sacerdoce nouveau, selon l'ordre de Melchisédech , étoit établi en Jesus - Chrift & ses Ministres, & qu'il n'avoit plus besoin d'Aaron & de Lévi. Cette confusion arrivée dans les familles & les tribus, montre clairement que le Messie est venu ; puisque devant naître de la famille de David & de la Tribu de Juda , il seroit aujourd'hui impossible de justifier cette origine par des titres autentiques.

Que pourroient les Juifs opposer de solide à des preuves si convainquantes? Ce font leurs propres Livres

qui nous les fourniſſent ; elles ne peuvent donc être ſuſpectes. Mais voyons
ce que Rouſſeau nous objecte en leur
faveur. » Connoiſſez-vous (*a*) , nous
» dit il , beaucoup de Chrétiens qui
» aient pris la peine d'examiner avec
» ſoin ce que le Judaïſme allégue con-
» tre eux ? Si quelques-uns en ont vu
» quelque choſe , c'eſt dans les Li-
» vres des Chrétiens. Bonne manière
» de s'inſtruire des raiſons de leurs
» adverſaires ! Mais comment faire ?
» Si quelqu'un oſoit publier parmi
» nous des Livres où l'on favoriſe-
» roit ouvertement le Judaïſme , nous
» punirions l'Auteur , l'Editeur , le
» Libraire. Cette police eſt commo-
» de & ſûre pour avoir toujours rai-
» ſon : il y a plaiſir à réfuter des gens
» qui n'oſent parler «. Eſt il néceſſaire que chaque Chrétien ſçache ce

(*a*) *Tom. III , pag.* 165 *,* 166. *& ſuiv.*

que les Juifs alléguent contre nous ?
Ne suffit-il pas au commun de sçavoir les raisons fondamentales, qui
prouvent la divinité de la Religion
Chrétienne, sans se mettre en peine
de ce que ses adversaires ne cessent
de répéter ? On ne finiroit jamais,
si, pour embrasser la Religion, il
falloit attendre qu'on eût épuisé toutes les difficultés que l'esprit humain
peut y opposer ; chaque jour il faudroit cesser de croire ce qu'on auroit
adopté la veille, pour recommencer
un nouvel examen des nouvelles objections que l'on proposeroit. Est-ce
ainsi qu'on agit dans les sciences, les
arts, & toutes les choses de la vie ?
La vérité de chacune une fois bien
établie, a-t-on besoin d'attendre l'e-
xamen & la solution de toutes les
difficultés, avant de les suivre & de
s'y attacher ? La Religion Chrétienne

a eu dans tous les temps des hommes qui ont examiné avec foin tout ce que le Judaïfme pouvoit alléguer de plus fpécieux , & qui y ont répondu avec toute la force que leur donnoit la bonté de leur caufe. Les Juifs modernes ne peuvent que répéter ce que leurs pères ont tant de fois rebattu , & qui a toujours été détruit & renverfé par les fçavantes Apologies & les beaux Traités de nos pères. Jamais ils ne fe font plaints qu'on diffimulât leurs objections ; & fi on l'eut fait , ils n'auroient pas manqué de relever la méprife ou la mauvaife foi. Leurs Livres , quoi qu'en dife Rouffeau , ont toujours été affez communs. Où ne trouve-t-on pas les Ouvrages de leurs Rabins & de leurs Docteurs ? Pendant plus de trois fiécles ils ont dit , fait & écrit tout ce qu'ils ont youlu contre la Religion Chrétienne.

Ils ont remué tout l'Univers contre les Disciples de Jesus-Christ, & ne les ont laissés en repos dans aucune Ville ; ils ont armé les Romains & les Empereurs contre l'Eglise naissante. Ils ont animé les Payens contre elle, ils se sont unis à eux pour la persécuter & la détruire, s'il eût été possible : elle n'a pas eu d'ennemis plus furieux, plus redoutables & plus acharnés ; elle en a cependant triomphé comme de tous les autres. Ce n'est point par la force & la violence, puisqu'elle étoit alors sans crédit & sans appui. En bute de toutes parts à une multitude d'ennemis ; ce n'est donc que par la force de ses raisons, & la puissance de celui qui, du haut du Ciel, la protégeoit, qu'elle a triomphé des Juifs comme de ses autres adversaires.

Avons-nous donc encore besoin de

prendre la peine d'examiner avec foin ce que le Judaïfme allégue contre nous ? Les Payens ne feront-ils pas également en droit de demander une pareille difcuffion de tout ce qu'ils ont oppofé à la Religion Chrétienne ? Et quelle Religion, quelque bien fondée qu'elle foit, pourra s'établir parmi les hommes, fi dans chaque génération il faut revenir à l'examen des difficultés qu'on a pu lui oppofer dans les différens temps, quoiqu'elles aient été autant de fois confondues & diffipées ?

Il eft vrai qu'aujourd'hui la Religion Chrétienne, devenue victorieufe & dominante, ne fouffre pas, & avec raifon, qu'on publie au milieu d'elle des Livres *où l'on favoriferoit ouvertement le Judaïfme.* Les Rois & les Princes l'ayant embraffée & étant devenus fes protecteurs, ils

ont assurément droit de punir *les Auteurs , les Editeurs & les Libraires* de
pareilles productions. Dans un Etat ,
devroit-on souffrir impunément qu'on
attaquât , par des Ouvrages sédi-
tieux , les Loix & les constitutions
fondamentales de la Société ? Or la
Société civile étant unie à la Société
Chrétienne , c'est troubler l'une , que
d'entreprendre sur l'autre ; & l'autorité de la première doit servir à soutenir & à venger les droits de la se-
conde.

Rousseau aura beau dire que *cette
police est commode & sûre , pour avoir
toujours raison ; qu'il y a plaisir à réfuter des gens qui n'osent parler.* C'est
la police que dictent la raison & le
droit naturel. Où en seroit-on , s'il
falloit donner la liberté à tous les incrédules , à tous les impies , de semer
par-tout leurs erreurs , de vomir pu-

bliquement & hardiment leurs blaf-
phêmes ? Quelle horrible confufion
n'en réfulteroit-il pas pour les Etats
& la Religion ? On peut abufer de
cette police , il eft vrai ; les Payens
en ont abufé autrefois , lorfqu'ils ont
voulu condamner au filence la Religion Chrétienne : car la vérité feule
a droit de fe prévaloir de cette police ; il n'y a jamais que l'erreur à qui
on foit en droit d'impofer filence , &
qu'on puiffe retenir dans les liens d'u-
ne jufte fervitude. Or il eft démontré par toutes les preuves que nous
avons déja rapportées , que la Religion Chrétienne eft la feule véritable ; par conféquent la Puiffance fé-
culière qui lui eft unie , eft bien fondée à réprimer tous les perturbateurs
ou les blafphémateurs de cette Religion. Le Juif incrédule ne fçauroit fe
plaindre légitimement de cette con-

duite. Qu'il fe rappelle comment , felon la Loi de Moyfe , ceux qui ofoient outrager leur Religion, étoient alors traités. Etoit-il permis de donner parmi eux un libre cours aux Livres qui combattoient ouvertement le Judaïfme ? La divinité de leur Religion étant auffi folidement établie , ç'eût été faire l'injure la plus atroce au Dieu qu'ils adoroient , de penfer avoir befoin , pour s'attacher au culte qu'il prefcrivoit , d'examiner avec foin tout ce que les Payens pouvoient alléguer contre le Judaïfme.

Mais que difent les Juifs , qui ne ferve à leur propre condamnation ? Leurs plus anciens Livres portent , qu'il fe confervera toujours parmi eux des Juges & des Magiftrats jufqu'à la venue du Meffie. Ils lui ont appliqué la prophétie de Jacob ; cette tradition a toujours été conftante parmi leurs plus célèbres Docteurs ; ils font forcés de convenir dans le Talmud, que tous les termes qui étoient marqués pour la venue du Meffie, font paffés ; & ne fçachant comment fe tirer du labyrinthe où ils fe font engagés, ils ont mieux aimé courir au hazard, que de revenir fur leurs pas : & pour couvrir leur confufion, ils ont dit anathême à ceux qui fupputeroient les temps du Meffie. A combien de faux Meffies ne fe font-ils pas attachés ? Après avoir rejetté le Meffie venu au nom du Père célefte, ils ont reçu, felon la prédiction de Jefus Chrift (a), tous ceux qui font venus en leur propre nom. L'efprit d'erreur & de féduction, dont ils étoient frappés, les a précipités dans toute forte d'égaremens. Ils ont prétendu que le Meffie étoit au monde,

(a) Joan. 7.

quoiqu’il ne parût pas encore. Un de leurs Docteurs nous dit gravement dans le Talmud , que le Christ est venu , selon qu’il est marqué dans les Prophetes ; mais qu’il se tient caché quelque part à Rome parmi les pauvres mendians. D’autres enfin , se voyant trompés dans leur vaine attente , nous ont débité qu’il n’y avoit plus de Messie à espérer , parce qu’il avoit été donné en la personne du Roi Ezéchias. Enfin , d’autres aimant mieux faire mentir les prophéties , que reconnoître leur égarement , nous ont voulu faire croire sur leur parole , que les péchés des Juifs avoient retardé la venue du Messie. Tant d’extravagances & de folies qui se détruisent mutuellement , méritent-elles qu’on s’y arrête pour les réfuter ?

« Ceux d’entre nous (*a*) , poursuit

(*a*) *Tom. III , p.* 166.

Rousseau ,

» Rousseau , qui sont à portée de con-
» verser avec des Juifs , ne sont gue-
» re plus avancés. Les malheureux se
» sentent à notre discrétion ; la ty-
» rannie qu'on exerce envers eux les
» rend craintifs ; ils sçavent combien
» peu l'injustice & la cruauté coutent
» à la charité Chrétienne : qu'ose-
» roient-ils dire , sans s'exposer à nous
» faire crier au blasphême ? L'avidité
» nous donne du zèle , & ils sont trop
» riches pour n'avoir pas tort. Les
» plus sçavans , les plus éclairés sont
» toujours les plus circonspects. Vous
» convertirez quelque misérable , payé
» pour calomnier sa Secte ; vous fe-
» rez parler quelques vils trippiers ,
» qui céderont pour vous flatter ; vous
» triompherez de leur ignorance ou
» de leur lâcheté , tandis que leurs
» Docteurs souriront en silence de vo-
» tre ineptie. Mais croyez-vous que

Part. II.   F f

» dans des lieux où ils fe fentiront » en fûreté, l'on eût auffi bon mar- » ché d'eux? « Quel tiffu de vaines & injuftes déclamations ! Le men- fonge & la calomnie font perpétuel- lement les feules armes dont l'In- crédule fe ferve pour combattre la Religion Chrétienne. Rouffeau fent bien l'infuffifance des raifons qu'allé- guent les Juifs : pour y fuppléer & mieux nous en impofer, il prétend que ces malheureux fe rendent à no- tre difcrétion, & que la tyrannie qu'on exerce contre eux, les rend craintifs, & les empêche de don- ner leurs moyens de deffenfe. Mais qui eft-ce qui a exercé la tyrannie pendant plus de trois fiécles ? Les Chrétiens, pendant tout ce temps, n'ont-ils pas été à la difcrétion des Juifs ? Les Juifs s'uniffant aux Payens, lorfqu'ils perfécutoient les Chrétiens à toute outrance , n'ont - ils pas eu alors tout le temps & la liberté né-cessaire pour se deffendre , & produi-re toutes les raisons qu'ils pouvoient avoir contre cette Religion naissante ? Les Payens qui les ont laissés pour la suivre , malgré tous les efforts des Juifs pour les en détourner & les at-tacher à eux , ne nous montrent - ils pas le peu de cas qu'on doit faire de toutes leurs raisons , par le mépris qu'ils en ont fait eux - mêmes ? Plus droits & plus sincères que les Juifs , ils ont vu clairement dans leurs Li-vres ce que leur prodigieux aveu-glement les empêchoit d'y reconnoî-tre. Au reste , quel que soit l'état des Juifs parmi nous , cet état , bien loin de former le moindre préjugé contre la Religion Chrétienne, se tourne au contraire en preuve pour elle ; parce que , comme nous le montrerons

F f ij

bien-tôt, il a été prédit que les Juifs tomberoient dans cet asservissement, en punition du crime qu'ils commettroient contre le Messie.

Mais peut-on excuser l'injure atroce que Rousseau fait à la Religion Chrétienne ? *Les Juifs sçavent*, nous dit-il, *combien peu l'injustice & la cruauté coutent à la charité Chrétienne.* Cet impie connoît-il les caractères de la charité Chrétienne ? Où nous montrera t-il qu'elle puisse jamais commander l'injustice & la cruauté ? Partout elle ne prescrit qu'amour, que tendresse pour ses frères ; elle étouffé les plus petits mouvemens de haine & de vengeance même contre ses ennemis. La charité Chrétienne est douce, elle est patiente, elle ne cherche point ses propres intérêts, elle ne se pique & ne s'aigrit point ; elle ne se réjouit point de l'injustice, elle n'infpire aucun mauvais deffein, elle tolère tout, elle fouffle tout ; les maux de fes frères la pénétrent de la plus vive douleur, elle fouhaiteroit être anathême pour eux. Tels font fes caractères. Tous ceux dont les actions ne font point réglées fur ces principes, n'agiffent point par la charité Chrétienne : s'ils font cruels & injuftes, c'eft parce qu'ils manquent de cette charité ; la cupidité & les paffions font la régle de leurs défirs & l'ame de leur conduite. Que la charité Chrétienne s'empare de leurs cœurs, l'injuftice & la cruauté en feront bien-tôt bannies. Mais telle eft l'injuftice de Rouffeau, de mettre toujours fur le compte de la Religion Chrétienne les iniquités & les défordres que les hommes ne commettent que parce qu'ils s'en écartent.

F f iij

L'avidité, continue Rousseau, *nous donne du zèle , & ils font trop riches pour n'avoir pas tort.* S'ils font trop riches, donc nous n'exerçons point la tyrannie à leur égard ; ils ne peuvent fe plaindre d'être à notre difcrétion, ni nous accufer d'injuftice envers eux. Quand on connoît un peu les Juifs, on fçait mieux que Rouffeau qui d'eux ou des Chrétiens eft coupable d'injuftice. Ils font riches, mais par combien de moyens injuftes & illégitimes ne le deviennent-ils pas? Ils fe font gloire de tromper les Chrétiens, & d'ufer à leur égard de toutes fortes de fraudes.

Vous convertirez, ajoute Rouffeau, *quelque miférable , payé pour calomnier fa Secte, vous ferez parler quelques vils frippiers, qui céderont pour vous flatter ; vous triompherez de leur ignorance ou de leur lâcheté , tandis que leurs Docteurs souriront en silence de votre ineptie. Mais croyez - vous que dans les lieux où ils se sentiroient en sûreté, l'on eût aussi bon marché d'eux?* Paul & les autres Apôtres, les Disciples de Jesus-Christ & les Fidèles de l'Eglise de Jérusalem, étoient-ils des misérables payés pour calomnier leur Secte ? Etoit - ce quelques vils frippiers qui cédoient pour nous flatter ? Ces hommes si désintéressés, si dépouillés des choses de la terre, qui sacrifioient tout pour rendre témoignage à la vérité de l'Evangile,, qui ne cédoient pas même à la rigueur des plus cruels tourmens, étoient-ils des ignorans & des lâches, eux d o la lumière a éclairé toute la terre , a dissipé les ténèbres qui en couvroient toute la surface ; eux dont la force a triomphé de tout ce que le monde a de plus terrible & de plus redoutable? Il ne tenoit qu'à eux de vivre en paix, de se mettre en sûreté ; rien de plus libre & de plus volontaire que leurs souffrances. Qu'y gagnoient-ils pour la vie présente? Il falloit donc qu'ils fussent bien vivement persuadés de la certitude des vérités qu'ils confessoient, pour se livrer avec joie à tant de maux, d'épreuves & de contradictions.

Si aujourd'hui la crainte ou l'intérêt fait parler quelques vils frippiers d'entre les Juifs en faveur de la Religion Chrétienne, de pareils témoignages sont indignes d'elle, elle les désavoue. Ceux qui les auroient mandiés, achetés ou contraints, agissent par un autre esprit que celui de la Religion Chrétienne, qui n'a pas besoin de pareils moyens pour s'étendre & se soutenir. Encore une fois, pour juger sainement d'une Religion,

remontons à fon véritable efprit , &
ne nous arrêtons pas à la conduite de
ceux qui le méconnoiffent ou qui s'en
écartent.

Les Docteurs des Juifs , nous dit
Rouffeau , *fourient en filence de notre
ineptie.* Mais qu'ont-ils à dire ? Que
peuvent-ils nous objecter qui ne
montre la profondeur de leur aveuglement ? Qu'on les fuive , ces Docteurs , dans tous les temps , depuis
Jefus-Chrift jufqu'à nous , par-tout
on ne voit chez eux que malice , mauvaife foi , fureur implacable contre
Jefus-Chrift & fes Difciples , calomnies atroces , vaines chicanes , mauvai-
fes défaites.

La grande raifon qu'ils donnent de
ce qu'ils ont rejetté Jefus-Chrift , eft
la feule qui fe trouve dans tous feurs
Ecrits , dans le Talmud & les Rabins , c'eft que Jefus-Chrift n'a pas

dompté les Nations à main armée. Il a succombé, disent-ils, il a été tué, il n'a pas dompté les Payens par sa force, il ne nous les a pas soumis, il ne nous a pas enrichis de leurs dé-pouilles. Ces aveugles s'étoient flat-tés que le Messie les délivreroit de la servitude des Princes étrangers, qu'il les feroit régner sur toute la terre, qu'il paroîtroit avec l'éclat d'un grand Conquérant, qu'il en imposeroit à tous les Peuples par la terreur de ses armes, & qu'il les rendroit tribu-taires des Juifs. Tombés sous la do-mination des Romains, n'écoutant que leurs sentimens d'orgueil & d'in-dépendance, ils ne souffroient cet état qu'avec une dure impatience. Plus ils se sentoient pressés du joug des Gentils, plus ils concevoient pour eux de haine & de jalousie. Dès-lors ils ne voulurent plus de Messie qui ne fût guerrier, & redoutable aux Puiſſances qui les captivoient. Ainſi, oubliant tant de prophéties qui leur parloient ſi expreſſément de ſes humiliations, ils n'eurent plus d'yeux ni d'oreilles que pour celles qui leur annonçoient des triomphes, quoique bien différens de ceux qu'ils déſiroient. Ces aveugles rejetterent Jeſus-Chriſt, parce qu'ils ne voyoient en lui que la ſolide grandeur deſtituée de tout cet appareil qui frappe les ſens, & qu'il venoit plutôt pour condamner leur aveugle ambition, que pour la couronner. Inſenſés, qui ne voient pas que leurs plus grands ennemis ne ſont pas les hommes, mais les vices & les déréglemens de leurs déſirs corrompus !

Quel avantage nous eût procuré le Meſſie que les Juifs ſe figurent ? Tout ce qu'il nous eût offert n'étoit

propre qu'à entretenir notre orgueil
& notre vanité ; il n'eût point connu nos véritables maux , il n'eût fait
qu'enflammer nos paſſions ; il les eût
autoriſées , & s'en fût rendu le mi-
niſtre au lieu de les guérir. Bien loin
de nous rendre meilleurs, il n'eût travaillé qu'à nous rendre plus dange-
reuſement malades ; & ignorant l'excellence de l'homme , ce qui eſt capable de le rendre heureux ; il eût
ſubſtitué des biens terreſtres & paſſa-
gers que nous devons mépriſer , aux
biens ſolides que nous devons ſeuls
déſirer.

Il ne nous en faudroit pas davantage pour rejetter un pareil Meſſie ;
nous devrions le fuir comme un ſé-
ducteur, qui vient pour nous perdre
en nous flattant ; loin de mettre notre confiance en lui, nous devrions
le déteſter , comme étant d'intelli-

gence avec l'ennemi de notre salut.

Pour peu qu'on soit de bonne foi, on conviendra aisément que Jesus-Christ le vrai Messie, est venu dans la manière & les circonstances où nous pouvions raisonnablement l'attendre.

L'homme devenu coupable & prévaricateur, la justice divine exigeoit une réparation proportionnée à l'énormité de l'offense : aucune créature, quelque excellente qu'elle fût, ne pouvoit réparer dignement l'outrage que le péché avoit fait à la Divinité. Jesus-Christ vient au monde pour le réconcilier avec Dieu ; il se charge de notre dette, il veut satisfaire pour nous. Comment pourroit-il, après cet engagement, se dispenser de souffrir & de s'humilier ?

L'homme égaré ne sçavoit plus en quoi consistoit son véritable bonheur; il étoit accoutumé à le chercher dans

les biens trompeurs de la vie préfente. Jefus-Chrift veut le détromper ;
le ramener de fon égarement, lui apprendre à méprifer les chofes de la
terre, en détacher fon cœur pour l'é-
lever vers les biens éternels, feuls
dignes d'être aimés, feuls capables
de remplir la vafte étendue de nos
défirs. Il étoit donc néceffaire, pour
nous inftruire efficacement, & nous
défabufer, que l'Homme-Dieu commençât lui-même par fe dépouiller
& fe priver de ce que l'homme cher-
choit avec tant d'ardeur : autrement
l'homme n'eût regardé les leçons de
fon Sauveur, que comme les vaines
fpéculations d'un Philofophe, que
fes actes démentoient, & qu'il n'é-
toit pas poffible de réduire en pra-
tique.

Le plus grand mal de l'homme,
devenu pécheur, c'eft qu'il ne crai-

gnoit rien tant que de fouffrir & de s'humilier ; rien cependant ne lui étoit plus utile & plus néceffaire. Il étoit impoffible avec cette crainte & cette horreur, qu'il pût s'attacher au fouverain bien & le fuivre conftamment : les maux & les afflictions de la vie préfente l'en euffent bien-tôt détourné. La Sagéffe éternelle, revêtue de notre humanité, va lui montrer par toute fa conduite, combien il doit eftimer les fouffrances & les humiliations, puifqu'elle en fait toute fa gloire & fes délices ; elle va lui faire fentir combien il doit peu les redouter, puifque cet homme auquel elle s'eft unie, en triomphe avec tant d'éclat. Par des leçons fi vives & fi touchantes, Jefus - Chrift parlera aux hommes bien plus efficacement que par tous les raifonnemens imaginables.

L'homme d'ailleurs n'en étoit plus susceptible ; il avoit éteint toutes les lumières de sa raison, pour ne plus écouter que les sens ; il avoit poussé la folie jusqu'à servir & adorer les plus viles créatures. Raisonner avec un malade de cette espèce, que la violence de ses passions fait extravaguer, qui est tombé dans le délire & la frénésie, on ne fera que l'irriter & rendre son mal irrémédiable. Aussi qu'ont gagné tous les Philosophes avec tous leurs discours pompeux & leurs subtils raisonnemens ? Ont-ils renversé un seul de ces autels où tant de monstrueuses Divinités étoient adorées ? Où sont ces Sages ? Qu'ont-ils produit ? Jesus-Christ, voulant guérir l'homme, s'y prendra d'une autre manière ; il va achever de confondre sa raison par le mystère de sa Croix ; & c'est ainsi qu'il portera le reméde jusqu'à

qu'à la source du mal. L'idolatrie ti-
roit son origine de ce profond attachement que nous avons pour nous-
mêmes. C'est lui qui avoit fait inventer aux hommes des Dieux semblables à eux, des Dieux sujets à
leurs vices & à leurs passions. Sous le
nom de ces prétendues Divinités, les
hommes adoroient réellement leurs
penchans déréglés, leurs crimes &
leurs désordres. Jesus-Christ, pour les
ramener, vient imprimer dans leurs
cœurs l'amour de la croix, au lieu de
celui des plaisirs ; il vient leur apprendre, par ses souffrances & sa pauvreté, à renoncer à tout, à tout sacrifier. Par-là les Idoles qu'on adoroit extérieurement, seront bien-tôt
renversées & détruites, parce que celles qu'on adoroit au-dedans ne subsi-
steront plus. L'homme, loin de faire
Dieu semblable à lui, va désormais

travailler à devenir femblable à fon Dieu.

Pouvoit-on imaginer un plus grand reméde aux maux de l'homme, & qui fût plus digne de la bonté & de la Sageffe divine? Que de profondeur dans cette merveille d'un Dieu fait homme, & devenu humble jufqu'à la mort de la croix pour fauver l'homme ! La fageffe en eft fi fublime, qu'elle paroît une folie à notre fauffe fageffe qui ne peut y atteindre. L'homme vouloit des Dieux qui ne fuffent que des hommes, & encore des hommes vicieux comme lui. Pour redreffer fon égarement, & s'accommoder à fa foibleffe, un nouvel objet d'adoration fe préfente à lui. C'eft un Dieu, mais devenu homme, qui n'a rien perdu de ce qu'il étoit, en prenant ce que nous fommes ; qui s'eft abaiffé jufqu'à nous fans fe dégrader, pour nous

élever jusqu'à lui. C'est un adorateur
égal en tout à celui qu'il adore, qui
vient réparer les défauts de notre culte ; & qui unissant aux siennes les adô.
rations des membres qu'il s'incorpo-
re, leur communique le prix infini
dont il est par lui-même la source & le
principe.

Mais si Jesus-Christ vient parmi
les hommes dans un état de pauvreté
& d'abaissement ; s'il paroît dans un
dépouillement universel de toutes les
choses de la terre, que de grandeurs
réelles ne montre t-il pas à travers les
voiles qui le cachent ! Qu'on suive
toutes les circonstances de sa vie ,
par tout on le verra agir en Dieu. Les
Docteurs assemblés dans le Temple ,
voient avec frayeur son enfance plus
sage & plus éclairée que toute la sagesse des vieillards. Il ouvre sa mission par une multitude de merveilles

inouies : il les fait avec empire , **le**
principe en est en lui-même ; il les
opère en maître qui commande à la
nature qu'il a formée ; & comme autrefois il a dit , & tout a été fait , il
dit encore , & tout est rétabli ; sa vertu divine se montre de toute part : **le**
toucher , c'est être guéri : s'il est pauvre , il fait voir dans son indigence ,
qu'il est le principe de tous les biens ,
celui qui en dispose à son gré , le père qui nourrit tous les hommes , qui
multiplie les êtres & leur donne l'ac-
croissement. Les Démons ne peuvent
soutenir l'éclat de sa présence , ils re-
connoissent leur Juge , ils fuient avec
effroi ; tous les élémens le reconnois-
sent pour leur maître , ils obéissent à
sa parole : les flots se calment à sa
voix , les eaux s'affermissent sous ses
pas.

La science de l'avenir n'a rien qui

le frappe , qui le trouble & le fur-
prenne : il en parle comme du pré-
fent, il fait voir qu'elle lui eft naturelle , qu'il la tire de fon propre fond;
que tous les fiécles font rangés par
ordre devant lui, & qu'il en régle
tous les événemens : il lit dans le fond
des cœurs , il en prévient toutes les
penfées & tous les mouvemens : il
tient dans fa main la volonté des
hommes , il la tourne à fon gré ; il
fe fait fuivre & obéir par qui il lui
plaît , & montre qu'il ne tiendroit
qu'à lui de fléchir & rendre dociles
les plus endurcis & les plus rebeles.
Avec quelle fageffe fes réponfes ne
font - elles pas dirigées ! Il confond
chaque fois toute la malice combinée
de fes ennemis , & ne leur laiffe que
le honteux défefpoir de n'avoir rien
à répliquer.

Quelle beauté ! quelle élévation

dans fa doctrine ! tout y eft digne de la plus faine raifon , & tout y étonne la raifon : tout y eft admirablement proportionné à la misère , aux befoins & à l'excellence de l'homme. Ce ne font pas quelques traits épars & imparfaits , comme on pourroit en trouver ailleurs ; c'eft un fyftême complet de la juftice la plus parfaite & la plus fublime. Cependant celui qui dit des chofes fi merveilleufes , eft un homme fans lettres & fans étude, qui s'élève tout-à-coup au-deffus de ce que les plus grands Philofophes, les Sages de tous les temps avoient pu découvrir par leurs longues veilles & leurs profondes méditations. Où a-t-il donc pris ce qu'aucun homme n'a pu pénétrer avant lui ? Ce qui eft encore plus frappant , il traite les plus grandes vérités fans peine & fans effort ; il les propofe avec l'affurance d'un Maître ;

il les expose avec une simplicité ra-
vissante. Sa doctrine est mille fois plus
élevée que tout ce que les hommes
avoient pu inventer jusqu'alors ; &
cependant il a le secret de la mettre
à la portée des plus simples & des
plus ignorans. Qui n'admireroit la
condescendance avec laquelle il tem-
pere la hauteur des plus grands mystères ? C'est du lait pour les enfans ,
& tout ensemble du pain pour les
forts. Plein des secrets de Dieu , il
n'en est point étonné comme les autres mortels à qui Dieu se communique , il en parle naturellement, comme étant né dans ses secrets ; & il
fait bien voir aux hommes que la vérité toute entière préside en lui per-
sonnellement. Quelle sainteté dans sa
vie ! quel amour pour la vertu ! quel
mépris des choses du monde ! quelle
indifférence pour l'estime & la gloire

Gg iv

des hommes ! quel zèle pour celle de
l'Etre souverain ! quelle charité , quel
empreſſement pour le ſalut des hommes ! quelle égalité d'ame ! A-t-il
jamais paru un homme ſi exempt de
toutes les foibleſſes les plus inſépara-
bles de l'humanité ? On ne voit chez
lui aucun de ces intervalles où l'homme ſe retrouve. Par-tout ſa ſainteté
éclate , & toutes ſes actions ſont la plus
fidèle expreſſion de ſa doctrine & de
ſes préceptes. Jamais homme n'a fait
reſſentir aux autres tant de douceur
& de bonté , & ſes bienfaits ne ſont
récompenſés que par de continuelles
perſécutions. Il ne ceſſe de faire du
bien à des ingrats , ſa charité & ſon
zèle pour eux lui attirent les derniers
ſupplices. Il meurt ſans trouver ni reconnoiſſance dans ceux qu'il oblige ,
ni fidélité dans ſes amis , ni équité
dans ſes Juges ; & malgré une ſi ter-

rible épreuve, il conferve toujours la même paix, la même conftance, la même charité.

Mais laiffons parler ici Rouffeau : „ Quelle douceur (*a*), nous dit-il, „ quelle pureté dans fes mœurs ! quel- „ le grace touchante dans fes inftru- „ ctions ! quelle élévation dans fes ma- „ ximes ! quelle profonde fageffe dans „ fes difcours ! ... quel empire fur „ fes paffions ! Où eft l'homme, où „ eft le Sage qui fçait agir, fouffrir & „ mourir fans foibleffe & fans often- „ tation ? Quand Platon peint fon „ jufte imaginaire, couvert de tout „ l'opprobre du crime, & digne de „ tous les prix de la vertu, il peint „ trait pour trait Jefus - Chrift : la „ reffemblance eft fi frappante, que „ tous les Pères l'ont fentie, & qu'il „ n'eft pas poffible de s'y tromper «.

(*a*) *Tom. III, p. 179.*

Qu'il est donc grand, cet Homme-Dieu, même dans ses bassesses & ses humiliations ! Il ne souffre que quand il veut ; il ne tombe entre les mains de ses ennemis, que parce que son heure est venue ; il leur montre qu'ils n'ont de pouvoir sur lui, que celui qu'il veut bien leur donner. Il meurt parce qu'il a résolu de quitter son ame pour un temps. Mais à peine est-il expiré sur la Croix, que l'impression de sa puissance & de sa grandeur se fait sentir par-tout. Toute la nature, émue & en désordre, reconnoît son maître ; le Soleil qui se cache, publie qu'il lui commande encore même a-près sa mort ; les tombeaux qui s'ou-vrent pour rendre leurs morts, recon-noissent qu'il est celui qui conduit aux portes de la mort & qui en retire ; ils annoncent que celui qui vient d'être mis à mort, n'a point perdu la puisfance de reprendre une vie qu'il a quittée fi librement. Il reffufcite en effet au terme marqué, & il confond pour jamais l'envie, la malice & toutes les vaines précautions de fes ennemis.

Il apparoît à fes Difciples qui l'avoient abandonné, & qui s'obftinoient à ne point croire fa réfurrection. Ils le voient, ils lui parlent, ils le touchent, ils font convaincus. Pour confirmer en eux la foi de fa réfurrection, il fe montre à diverfes fois & en diverfes circonftances. Ses Difciples le voient en particulier, ils le voient auffi tous enfemble, il paroît une fois à plus de cinq cents affemblés. L'Apôtre qui a écrit ce fait, protefte que la plûpart d'eux vivoient encore dans le temps qu'il l'écrivoit. Il ne fe montre point au peuple & à fes ennemis, parce que ces incrédules,

qui avoient méprifé toutes les lumières dont il avoit voulu les éclairer,
s'étoient rendus abfolument indignes
de ce nouveau bienfait, & parce que
la foi deftinée à de fi grandes récom-
penfes , devoit auffi couter quelque
chofe à l'homme. Mais Jefus Chrift
reffufcité donne à fes Apôtres & à
fes Difciples tout le temps qu'ils veulent pour le bien confidérer ; & après
s'être mis entre leurs mains en toutes les manières qu'ils fouhaitent , en
forte qu'il ne puiffe plus leur refter
le moindre doute , il leur ordonne
de porter par toute la terre le témoignage de ce qu'ils ont vu, de ce qu'ils
ont oui & de ce qu'ils ont touché ;
& afin qu'on ne puiffe douter de leur
bonne-foi & de leur perfuafion, il les
oblige à fceller leur témoignage de
leur propre fang. Par-là leur prédica-
tion devient inébranlable, fon fonde-

ment est un fait positif attesté unanimement par ceux qui l'ont vu ; & leur
sincérité est justifiée par la plus forte
épreuve qu'on puisse imaginer , qui
est celle des tourmens & de la mort
même.

N'est-il pas plus grand & plus glorieux
à J. C. d'avoir triomphé de la mort
en ressuscitant, que de l'avoir évitée
en se conservant la vie ? Et puisqu'il
a pu sortir vivant & immortel de son
tombeau , ne lui eût-il pas été plus
aisé de descendre de sa croix, lorsque
les Juifs l'en défioient pour l'insul-
ter ? Qu'y a-t-il de plus fort que cette
main du Sauveur qui a vaincu le monde , non armée du fer , mais après sa
mort , mais après avoir été ignomi-
nieusement clouée & percée ? Où sont
les Conquérans qui , après leur mort,
ont soumis la terre par la seule vertu
de leur nom ? Le régne & l'empire

de Jesus-Chrift tout fpirituel , fondé
uniquement fur la juftice & la fainteté , établi fur la victoire des vices
& des paffions, n'eft-il pas plus digne de nos hommages qu'un empire
terreftre & paffager qui ne fait que
des malheureux ? Qu'il faut être puiffant pour exercer fon régne fur les
cœurs & les volontés , & agir fur
elles par fon amour & fa grace, plus
efficacement que les Rois n'ont jamais fait par le fer & la terreur de
leurs armes !

» Il eft donc ridicule de fe fcanda-
» lifer de la baffeffe de Jesus-Chrift ,
» comme fi cette baffeffe (a) étoit du
» même ordre que la grandeur qu'il
» venoit de faire paroître. Il eût été
» inutile à notre Seigneur Jesus-Chrift
» pour éclatter dans fon régne de
» fainteté , de venir en Roi ; mais

(a) Pafcal.

» qu'il eft bien venu avec l'éclat de
» fon ordre ! O qu'il eft venu en gran-
» de pompe & dans une prodigieufe
» magnificence aux yeux du cœur, &
» qui voient la fageffe. ! Quel hom-
» me eût jamais plus d'éclat que Je-
» fus-Chrift ? Le peuple Juif tout en-
» tier le prédit avant fa venue : le
» peuple Gentil l'adore après qu'il eft
» venu : les deux peuples Gentil &
» Juif, le regardent comme leur cen-
» tre; & cependant quel homme jouit
» jamais moins de tout cet éclat ....
» jamais homme n'a eu tant d'éclat,
» jamais homme n'a eu plus d'igno-
» minie ; tout cet éclat n'a fervi qu'à
» nous pour nous le rendre recon-
» noiffable, & il n'en a rien eu pour
» lui. »

Tendons donc les bras à notre Li-
bérateur, qui ayant été promis durant
quatre mille ans, eft enfin venu fouffrir

& mourit pour nous dans les temps & toutes les circonſtances qui en ont été prédites.

Mais voici la grande objection de Rouſſeau en faveur des Juifs. » En » Sorbonne, nous dit-il, il eſt clair » comme le jour (*a*) que les prédi- » ctions du Meſſie ſe rapportent à » Jeſus-Chriſt. Chez les Rabins d'Am- » ſterdam, il eſt tout auſſi clair qu'el- » les n'y ont pas le moindre rap- » port «. Mais à qui les Juifs ont-ils pu perſuader ce qui leur paroît ſi clair ? Jeſus-Chriſt, au contraire, a perſuadé aux Peuples & aux Nations ce que les Juifs refuſent de reconnoî- tre. Mais que Rouſſeau eſt lui-même aveugle, puiſqu'il objecte contre la Religion Chrétienne ce qui forme en ſa faveur l'argument le plus victo- rieux ! Oui, ſi le corps des Juifs avoit

(*a*) *Tom. III , p. 162.*

VII

vu Jefus - Chrift dans les prophéties du Meſſie , nous ne devrions point regarder Jeſus-Chrift comme le Meſ- ſie. Par-tout les Ecritures nous ont annoncé que les Juifs feroient frappés d'aveuglement à l'égard du Meſſie & qu'ils le rejetteroient. *La pierre rejettée par les Architectes eft (a) devenue la principale pierre de l'angle ; leurs yeux font obfcurcis (b) pour ne point voir.* C'eft en vain que Dieu *étend ſes mains pendant tout le jour (c) vers ce peuple incrédule* pour l'attirer à lui. *Ils écoutent ce qu'on leur dit (d) , ſans le comprendre ; ils voient ce qu'on leur montre , ſans en avoir l'intelligence ; leur cœur eft aveuglé , leurs oreilles ſont ſourdes , leurs yeux ſont fermés. Le Seigneur cache ſon viſage à la maiſon*

(a) Pſal. 117.
(b) Pſal. 68.
(c) Iſaïe. 65.
(d) Ibid. 6.

Partie II.   Hh

de Jacob (a), il sera pour eux une pierre d'achopement, une pierre de scandale pour les deux maisons d'Israël, un piége & une occasion de chûte pour les habitans de Jérusalem. Ils se heurteront contre cette pierre, ils tomberont & se briseront. Le Seigneur va couvrir d'un voile leurs Chefs & leurs Conducteurs (b), & toutes les visions des vrais Prophetes seront à leur égard comme les paroles d'un Livre scellé avec des sceaux. Dieu fera à l'égard de ce Peuple un prodige, un événement extraordinaire qui surprendra tout le monde ; & le voici : La sagesse de leurs Sages périra, & la lumière de ceux qu'ils regardent comme des hommes intelligens, sera couverte d'épaisses ténèbres. La manière dont les Juifs expliquent les Ecritures qui regardent

____

(a) Isaïe 8.
(b) Ibid. 29.

le Meſſie, ne doit donc pas nous embaraſſer. *Ils attendoient la lumière, & ils ſont dans les ténèbres (a) ; ils eſpéroient un grand jour, & ils ſont dans une nuit ſombre ; ils marchent à tâton, & ils ſe heurtent en plein midi.* Ainſi leur aveuglement prédit ſe tourne en preuve pour la Religion Chrétienne.

Mais que pourront répondre les Juifs aux prophéties ſi claires que Jeſus-Chriſt a faites ſur leur Ville & ſur leur Temple ? Elles ſont nettes, préciſes & triomphantes. Jeſus - Chriſt s'appliquant les anciennes prophéties qui concernoient le Meſſie , prédit aux Juifs la deſtruction prochaine du Temple & de la Ville , comme le châtiment de leur ingratitude , & du refus qu'ils faiſoient de croire en lui. Pénétré de douleur ſur l'endurciſſe-

(a) *Iſaïe, 59.*

ment de Jérusalem , il pleure fur elle en difant : *Ah ! fi tu avois reconnu au moins en ce jour qui t'eft encore don-né (a), ce qui pouvoit t'apporter la paix ! mais maintenant tout ceci eft caché à tes yeux : car il viendra un temps malheureux pour toi, où tes en-nemis t'environneront de tranchées , t'enfermeront & te ferreront de toutes parts ; ils te raferont & te détruiront entièrement toi & tes enfans qui font dans tes murs ; ils ne te laifferont pas pierre fur pierre , parce que tu n'as pas connu le temps auquel Dieu t'a vifité.* Jefus-Chrift leur déclare que *tout le fang innocent qu'ils ont répandu depuis Abel jufqu'à Zacharie* (b) , *va retom-ber fur la race actuellement fubfiftante ; que Jérufalem ne l'ayant pas écouté lorfqu'il a voulu raffembler fes enfans ,*

(a) S. Luc, 19.
(b) S. Matth. 21.

le temps approche que fes maifons vont être défertes. Les Difciples de Jefus-Chrift, voulant lui faire admirer. la grandeur & la beauté de l'édifice du Temple , Jefus leur répondit : *Vous voyez tous ces bâtimens* (a) , *je vous dis en vérité qu'ils feront tellement détruits , qu'il n'y demeurera pas pierre fur pierre.* Il leur annonce enfin que *toutes ces chofes viendront fur la race actuelle* (b) , & que *cette génération ne paffera pas que toutes ces chofes n'arrivent.* Il n'eft plus queftion que de confulter l'Hiftoire , pour y trouver le plus fidèle accompliffement des prédictions de Jefus-Chrift.

Qu'on confulte Jofephe , Juif de Nation & de Religion , Général des Juifs au commencement de la guerre , & fait prifonnier par l'armée Ro-

(a) S. Matth. 24.
(b) S. Marc , 13.

H h iij

maine, qui a vu de ſes yeux tout ce qu'il raconte du ſiége de Jéruſalem & de ſa deſtruction ; un pareil Auteur ne peut être ſuſpect, il a tous les caractères qu'on peut exiger pour mériter une entière croyance. Jéruſalem, ſelon la prédiction de Jeſus-Chriſt, doit être environnée de tranchées & enfermée de toutes parts. Joſephe nous apprend auſſi, que Jéruſalem, outre les tranchées ordinaires, fut environnée d'une grande muraille qui l'enfermoit de tous côtés. Jeſus-Chriſt avoit prédit que le temps s'approchoit où l'on diroit : *Heureuſes les ſtériles & les entrailles qui n'ont point porté d'enfant* (a), *& les mamelles qui n'en ont point nourri.* Tout ce que Joſephe nous rapporte des horreurs de cette guerre, de la famine affreuſe qui déſola la Ville, & porta les mères à

(a) *S. Luc, 19.*

manger leurs enfans , montre le parfait accomplissement de la prophétie
de Jésus Christ. Il avoit marqué que
la désolation seroit si grande , qu'on
n'en auroit jamais vu une pareille.
Avoit-on jusqu'alors entendu parler
d'un si grand désastre ? Ce peuple se
déchire dans son propre sein par mille
factions : tous les maux imaginables
l'accablent & fondent sur lui , peste ,
famine , meurtres & carnages , tout
est conjuré contre eux pour venger le
sang du Juste. Pressés par toutes sortes
d'extrémités , tandis que Tite ne demande qu'à les sauver , & leur offre
plusieurs fois le pardon ; par le comble du dernier aveuglement , ils rejettent toutes ses propositions : chose
inouie ! Josephe compte onze cents
mille hommes qui périrent dans ce
siége. La Ville enfin devenue un mon-
ceau de cendre , est prise & renver-

fée de fond en comble, comme Jefus-Chrift l'avoit annoncé. Tite veut
au moins fauver le Temple ; il fait à
toute fon armée de rigoureufes défenfes d'y toucher : mais le ciel & la
terre pafferont plutôt que la parole
de Jefus-Chrift : une main invifible
pouffe un Soldat qui jette un tifon
allumé ; le feu prend. Tite accourt,
donne fes ordres pour qu'on fe hâte
d'éteindre la flamme naiffante ; tous
les efforts font inutiles, le Temple
en un moment eft réduit en cendres ;
le doigt de Dieu eft fi vifible dans
toute cette expédition, que Tite même qui les ruine, reconnoît qu'il ne
fait que prêter fa main à Dieu irrité
contre eux, & fervir de miniftre à la
vengeance divine qui pourfuit cet infortuné Peuple. C'eft ainfi que fut
exécuté de point en point l'arrêt pro-
noncé par Jefus-Chrift contre les Juifs

qui l'avoient méconnu : *Ils te raferont & te détruiront , toi & tes enfans qui font dans tes murs , parce que tu n'as pas connu le temps où Dieu t'a vifitée.*

Toutes ces chofes arriverent dans le temps précis qu'il avoit marqué. La race & la génération qui avoit vécu du temps de Jefus - Chrift, vit fondre fur elle tous ces malheurs. Enfin Adrien acheva de les exterminer , il en fit périr encore fix cents mille. Les triftes reftes de ce Peuple (*a*) infortuné furent chaffés de leurs terres avec toutes les marques de la colère divine. La Judée leur fut interdite fous des peines très-rigoureufes , & ils furent emmenés captifs dans toutes les Nations , comme Jefus - Chrift le leur avoit encore annoncé : *Et captivi ducentur in omnes gentes* (*b*). Peut-on

(*a*) S. *Luc* , 19, 44.
(*b*) *Ibid.* 11, 24.

douter encore que Jesus - Chrift ne
foit le Meffie promis , & dont les
Juifs ont méprifé & méconnu la vi-
fite ? Un pareil châtiment & la prédiction fi claire , fi détaillée & fi bien
circonftanciée que Jefus - Chrift en
avoit faite , en l'annonçant comme
la peine de l'incrédulité des Juifs à
fon égard, ne nous garantiffent-elles
pas la vérité de l'application qu'il a-
voit faite à fa perfonne des prophéties
qui concernoient le Meffie ? Mais ce
qui met le comble à la force de cette
preuve , & donne un nouvel éclat à
l'immobilité de la prédiction de Jefus Chrift, c'eft l'entreprife de Julien
l'Apoftat. Ce Prince , après avoir déclaré la guerre à Jefus - Chrift , fe
croit affez puiffant pour anéantir fes
prédictions. Il entreprend de les convaincre de menfonge : il veut ravir à
la Religion Chrétienne le témoigna-

ge toujours subsistant que lui rend l'état des Juifs, & dont il sent toute la force. Pour cet effet il projette de rétablir le Temple, & de rappeller les Juifs dispersés, toujours prêts à seconder ou à prévenir les Payens dans leur fureur contre les Chrétiens. Ce Prince les anime & les exhorte à concourir à la grandeur de son dessein : il fait les plus grands préparatifs ; il y destine des sommes immenses ; il commet pour l'exécution, *Alypius* d'Antioche, & lui donne pour adjoint, le Gouverneur de la Judée. La Nation Juive accourt de toute part, elle s'épuise de son côté en préparatifs & en dépense : pour travailler sur de nouveaux fondemens, elle arrache ce qui restoit des anciens. C'en est fait, ce semble, des prédictions de J. C. » L'Edifice du Christianisme (*a*), dé-

(*a*) *De la Bleterie, Vie de Julien.*

» nué du fondement de l'ancienne ré-
» vélation, demeure en l'air & s'é-
» croule de lui - même, Le Temple
» forti de fes ruines, fera le monu-
» ment éternel d'une victoire rem-
» portée par l'idolatrie fur les deux
» Religions qui faifoient profeffion
» de la combattre «. Mais raffurons-
nous ; la parole de Jefus-Chrift eft
ferme & immuable, & l'homme ne
prévaudra jamais contre elle. Il a bâti
fon Eglife fur la pierre, rien n'a pu
la renverfer ; il a renverfé le Temple, rien ne pourra le relever. Les
efforts mêmes des hommes pour détruire la vérité de fes prédictions, ne
ferviront qu'à en procurer l'entier accompliffement. C'eft auffi où va abou-
tir toute cette grande entreprife.

Les Juifs & les ouvriers de Julien
arrachent ce qui refte des anciens fondemens du Temple, & par - là ils

achévent de vérifier la prédiction de
Jefus-Chrift, en n'y laiffant pas pierre fur pierre, & en aboliffant jufqu'aux moindres veftiges. Mais après
avoir fervi à donner à la prophétie fon
dernier dégré d'accompliffement, à
peine veulent-ils commencer à jetter
de nouveaux fondèmens, un violent
tremblement de terre repouffe les
pierres avec une force extraordinaire,
des tourbillons de feu, fortis avec impétuofité & à plufieurs reprifes des
entrailles de la terre, dévorent les
inftrumens, les matériaux & les ouvriers. On fait de nouvelles tentati-
ves, & toujours le lieu eft inacceffible. Les prodiges font fi terribles &
fi perféverans, que l'obftination des
Juifs, leur zèle ardent pour le Temple, leur haine contre Jefus-Chrift,
le pouvoir & les efforts combinés de
Julien, font enfin forcés de céder.

Ainsi l'incrédulité des uns & la témérité de l'autre furent à jamais confondues ; & la vérité des prédictions du Sauveur fut confirmée par ceux-mêmes qui avoient eu l'insolence d'entreprendre de les convaincre de fausseté.

On ne peut contester la vérité de tous ces faits, sans établir le Pyrrhonisme historique le plus insensé ; ils sont confirmés par tout ce qui peut rendre le témoignage des hommes indubitable ; ils sont attestés par Ammien Marcellin, Auteur contemporain (*a*), Philosophe, grand admi-

(*a*) *Imperii sui memoriam magnitudine operum gestiens propagare (Julianus,) ambitiosum quondam apud Jerosolymam Templum instaurare sumptibus cogitabat immedicis; negotiumque maturandum Alypio dederat Antiochensi, qui olim Britannias curaverat Pro-præfectis. Cùm itaque rei idem fortiter instaret Alypius, juvaretque Provinciæ Rector, metuendi globi flammarum propè fundamenta crebris adsultibus erumpentes, fecere locum, exustis aliquoties operantibus, inaccessum: hocque modo, elemento obstinatiùs repellente, cessavit incœptum. Lib. 23.*

rateur de Julien , & auffi attaché que lui au paganifme. Ils font encore rap-portés par une multitude d'autres Au-teurs également contemporains , ou très-voifins du régne de Julien. Leur témoignage, quoiqu'il foit Chrétien , ne peut être récufé , puifqu'il eft confirmé par celui d'un Payen , & qu'il n'eft contredit par perfonne. Mais , comme remarque fort bien Sozoméne , non - feulement ceux qui ont été témoins oculaires de ces mer-veilles , les atteftent ; mais les Juifs

Julien voulant éternifer la mémoire de fon ré-gne par la grandeur de fes entreprifes, forma la réfolution de rebâtir à grand frais ce Temple fi fu-perbe qui exiftoit autrefois à Jérufalem. Il chargea Alype d'Antioche , qui avoit été Sous - Préfet de Bretagne , de hâter l'exécution de fon projet. Mais tandis qu'Alype , fecondé du Gouverneur de la Ju-dée , faifoit tous fes efforts pour accélérer l'ouvra-ge , de terribles tourbillons de flammes , pouffés avec impétuofité auprès des fondemens , confumè-rent à plufieurs reprifes les ouvriers , & rendirent par-là le lieu inacceffible. Ainfi l'opiniâtre réfiften-ce de cet élément faifant échouer toutes les tentati-ves , l'entreprife fut diffipée. *Ammien Marcellin , Liv. 23 de fon Hiftoire.*

& les Payens y rendent, malgré eux, un témoignage décisif. Pourquoi en effet, ont-ils été obligés de renoncer à leur entreprise, d'abandonner l'ouvrage qu'ils avoient commencé ? ou pour mieux dire, pourquoi n'ont-ils pu le commencer ? si ce n'est parce qu'une force invisible les a contraints, parses prodiges, de renoncer à une entreprise qu'ils poursuivoient avec tant d'ardeur, & que tous les moyens humains s'empressoient de favoriser ?

Qu'attend donc l'Incrédule pour se rendre ? que demande-t-il encore pour reconnoître Jesus-Christ pour son Dieu & son Sauveur ? Ne devroit-il pas imiter l'exemple de deux Incrédules de nos jours, qui n'ont pu se refuser à la preuve si décisive de l'événement que nous venons de rapporter ? Le premier est M. Littleton,

ton, Déiste Anglois, l'un de ces hommes qui passent pour de beaux génies
en ne croyant rien. Il fut vaincu par la
force du témoignage d'Ammien Mar-
cellin(a). M. Moyle, qui est le second,

(a) Il ne sera pas inutile de faire connoître cet
Historien. Né à Antioche vers la fin du régne du
grand Constantin, & engagé par sa naissance dans
le Paganisme, dont il fit jusqu'à sa mort une pro-
fession constante; son métier fut celui de la guerre,
& il s'y distingua par sa valeur, sa conduite sage,
& sa parfaite fidélité. L'Empereur Constance l'em-
ploya dans l'Orient & dans les Gaules, & l'an 363
(ce fut au commencement de cette même année
qu'arriva le fait miraleu, qui confondit l'Empereur
Julien) il accompagna Julien dans sa malheureuse
expédition contre les Perses. Il continua de servir
sous les Empereurs *Jovien*, *Valentinien* & *Gratien*.
Enfin las des troubles & des révolutions de l'Empire, il se retira à Rome pour y finir tranquille-
ment sa carrière. Ce fut dans le repos de cette retraite qu'il travailla à son Histoire, qui commence
à l'Empire de Nerva, & qui finit à la mort de Va-
lens. Son Histoire a été d'autant plus estimée, qu'il
ne dit presque rien des événemens de son temps,
dont il n'ait été le témoin, ou à quoi il n'ait eu
part. Aussi l'a-t-on comparé, pour l'exactitude, à
Xénophon & à César. Les Critiques l'ont proposé
comme un modèle de modération, d'exactitude &
de bonne-foi. Il rend justice aux Chrétiens, quoique imbu des erreurs du Paganisme. Il ne dissimule
pas les vices de Julien, quoique son admirateur.
Il peint Constance, comme l'eût fait un des Pères
de l'Eglise : par-tout cet Historien soutient le caractère d'impartialité : en un mot, la candeur & la

avec les prétendus Esprits forts de notre siécle n'admettoit ni prodiges ni miracles ; mais il n'a pu tenir contre la certitude de ceux qui dissipe-rent l'entreprise de Julien. Il ne peut s'empêcher d'avouer , « que quoi-» qu'il ajoute peu de foi aux mira-» cles rapportés depuis la mort des » Apôtres ; cependant il n'ose les re-» jetter tous , à cause de celui qui ar-» riva du temps de Julien , & qui est » si extraordinaire dans toutes ses cir-» constances , & si pleinement atte-» sté , qu'il ne sçait pas de quel front » on pourroit les rejetter «. Enfin M. Mosheim , Auteur Ecclésiastique, s'ex-plique en ces termes : » Je ne sçais » comment il a pu venir dans l'es-» prit de quelques sçavans de ce sié-» cle , d'oser révoquer en doute la vé-

sincérité furent inviolables pour cet Ecrivain. Tel est le jugement qu'en ont porté les meilleurs Cri-tiques.

» rité de cette hiſtoire mémorable ;
» car ſi les Auteurs Chrétiens qui l'at-
» teſtent, ne leur paroiſſent pas di-
» gnes de confiance, par quel endroit
» leur ſeroit ſuſpect Ammien Mar-
» cellin, Hiſtorien ſi équitable, &
» libre de tout préjugé favorable à la
» Religion Chrétienne ? Comment
» pourroient-ils récuſer d'autres Au-
» teurs auſſi peu ſuſpects ? Pour moi,
» je ne ſçais plus ſur quels faits ni ſur
» quelle hiſtoire ancienne on pour-
» roit compter, s'il étoit permis de
» rejetter celle dont nous parlons,
» quoique appuyée par tant de témoi-
» gnages ; & cela uniquement, parce
» que les faits dont il eſt queſtion leur
» paroiſſent moins croyables «.

Nous exhortons Rouſſeau & ſes
Diſciples, de lire avec impartialité la
fameuſe Diſſertation où M. Warburton traite ce point d'hiſtoire avec

toute la fagacité de la critique la plus
judicieufe. Ce Sçavant prouve d'a-
bord, que l'entreprife de Julien avoit
été formée en des circonftances fi
intéreffantes, que l'honneur de la
révélation demandoit néceffairement
un miracle divin. En effet, les Livres
faints difent clairement, que *Jérufa-*
lem & fon Temple feront détruits, &
qu'ils ne fe reléveront jamais de leurs
ruines. Un Prince impie cherche à
décréditer cette prophétie, en pro-
jettant de relever le Temple : que doit-
on attendre de la fageffe & de la juftice de l'Etre fuprême ? Permettra-t-
il que l'impiété triomphe, & que la
majefté de fes décrets foit avilie ?
Non, cela n'arrivera jamais. Le Maître des Rois vengera fa gloire, & ju-
ftifiera à la face de tout l'Univers la
véracité inaltérable de fa parole. Dieu
ne manquera pas d'oppofer un pro-

dige de fa puiffance à une incrédulité auffi prodigieufe. Il étoit donc im-poffible, comme le prouve M. War-burton, qu'une entreprife, auffi impie que celle de Julien, eût le moindre fuccès. Ainfi rien de moins furprenant que le prodige qui renverfa le deffein de cet Empereur; prodige qui eft attefté par tout ce qui peut rendre le témoignage des hommes indubitable. Les ennemis du Chriftianifme les plus à portée de cette révolution, & Julien lui-même, l'avoient confirmée par leur aveu, quoiqu'en s'efforçant d'en couvrir la honte par des fubterfuges. Voici comme cet Empereur parle dans une de fes plus célèbres Harangues.

» Que perfonne ne prétende nous » en impofer par des paroles, ou » nous effrayer en alléguant les dé-» crets de la Providence. Que diront

» en effet , ces mêmes Prophetes
» Juifs , qui nous mettent ces décrets
» devant les yeux ? Que diront-ils de
» leur Temple ruiné pour la troisiéme
» fois , fans avoir encore été rebâti ?
» Je ne dis point cela, ajoute l'Empe-
» reur , pour leur en faire un fujet
» de honte , puifque moi-même , en
» ces derniers temps , j'avois penfé à
» le rétablir à l'honneur du Dieu qui
» y étoit invoqué «. Mais , ce qui
eft très-remarquable , c'eft que Julien,
qui n'avoit en tout cela que des vues
ambitieufes & politiques , fournifloit,
fans le fçavoir, un puiffant argument
à la Religion Chrétienne , en avouant
qu'il avoit tenté vainement de décréditer l'oracle de Jefus - Chrift fur la
deftruction de Jérufalem. Les paroles
dont fe fert Julien , comme le dit
M. De la Bleterie , reffemblent bien,
dans la bouche d'un Souverain , à

l'aveu d'une entreprïse manquée.

Ce fut, fans doute, dans l'idée flatteufe de réparer cette difgrace, que Julien n'en parut point ébranlé. Peuple en fait de préfages, & Efprit-fort fur les miracles, & lui & fes Philofophes mirent en œuvre ce qu'ils fçavoient de Phyfique, pour dérober à la Divinité un prodige fi éclatant.

M. Warburton ne manque pas de pulvérifer cette mauvaife Phyfique, qui affecte de mettre toujours à l'écart le fouverain Maître de l'Univers ; il démontre qu'il eft fans vraifemblance & même impoffible, que ces éruptions enflammées aient été l'ouvrage d'aucun art humain, & qu'il n'eft pas moins abfurde de fuppofer qu'elles n'aient été qu'un fimple phénomene de la nature. Cet habile Critique, après avoir détruit toutes ces objeétions, prouve que le caractère de la prophétie qui prononçoit que le Temple ne se reléveroit jamais de ses ruines, de même que l'ordre des décrets divins, rendoient ce miracle indispensable pour l'honneur de la Religion. Il observe que l'évidence du témoignage rendu par Ammien Marcellin, est si plein & si parfaite dans toutes ses parties, qu'il ne se trouve pas une circonstance dans son caractere & dans son récit dont un Incrédule pût se prévaloir pour refuser d'y acquiescer; & qu'il n'y manque pas une particularité qu'un Chrétien pût désirer pour sa conversion. Enfin il conclut que les diverses relations qu'en ont donné les Pères de l'Eglise & les Historiens Ecclésiastiques sont non - seulement d'accord entre-elles, mais se fortifient mutuellement; en sorte que les circonstances de ces re-

lations qui , au premier abord , paroiſſent les moins croyables , deviennent, après un mûr examen , les plus
dignes de créance.

On ne doit donc point être ſur-
pris que M. Litleton & M. Moile
aient cédé à la force victorieuſe de
toutes ces preuves ; ils auroient
bien - tôt des imitateurs , ſi nos Incrédules étoient d'auſſi bonne foi ,
s'ils examinoient ces faits avec la même ſincérité. Mais l'Incrédule ne manque jamais de vains prétextes pour
s'aveugler , & dérober à Dieu la divinité de ſes œuvres : tantôt c'eſt
une ſupercherie qu'il eſt impoſſible
de deviner : tantôt ce ſont les forces
inconnues (a) de la nature, au moyen
deſquelles l'Incrédule ſe vante d'expli-

____

(a) Ces prétendues forces inconnues de la na-
ture , ſont la grande reſſource des Incrédules. Auſſi
Rouſſeau n'a pas manqué d'en faire uſage dans ſon
Emile. » Il faut bien ſçavoir , dit-il , quels faits

quer tout le merveilleux des événemens extraordinaires. » La Nature,
» dit fort bien l'Auteur de la vie de
» Julien, fut toujours la reffource des

» font dans l'ordre de la nature, & quels autres
» faits n'y font pas, pour dire jufqu'à quel point
» un homme adroit peut fafciner les yeux des fim
» ples, peut étonner les gens éclairés «. On n'affecte d'exagérer les difficultés de cette connoiffance
des loix de la nature, que pour anéantir, fi l'on
pouvoit, la preuve victorieufe des miracles. Au
récit des plus grandes merveilles, les impies s'écrient froidement avec Pline : *In quantis natura fide
caret !* Avec ce feul mot, ils croient fe débaraffer
du poids incommode des miracles, lorfqu'ils ne
peuvent point répandre des doutes fur la vérité des
faits. « C'eft notre ignorance, difent ils, qui nous
» fait paroître miraculeux ce qui ne l'eft pas, &
» qui nous laiffe éblouir par une fauffe apparence
» de preuve : l'on doit faire toutes les fuppofitions
» poffibles, plutôt que d'attribuer à Dieu ce qui
» ne vient point évidemment de lui. Il n'eft pas
» impoffible que le corps jetté précipitamment à
» côté du tombeau du Prophete Elifée, ne fût
» mort qu'en apparence par une profonde léthar
» gie : fi cela eft poffible, il n'eft point abfurde
» de le fuppofer ; & cette fuppofition fuffit pour
» ôter toute idée de furnaturel «. Le moindre Logicien eft en état de répondre à ces Incrédules pleins
de mauvaife foi, que les faits n'étant ce qu'ils
font que par la réunion de tous leurs caractères &
de toutes leurs circonftances, il n'eft pas permis de
chercher la caufe d'un fait dans des circonftances
qui ne fubfiftent point, & qui ne feroient qu'une
fuppofition arbitraire & fans fondement. Il n'eft
donc point permis, pour expliquer un fait, d'ail-

» Incrédules ; mais elle fert la Reli-
» gion fi à propos , qu'ils devroient
» au moins la foupçonner de collu-
» fion «.

leurs inimitable à la nature , d'y fuppofer de l'im-
pofture & de la fourberie , lorfque non feulement
elle n'eft point avérée , mais qu'il n'y a nul fujet
d'en foupçonner , ni la perfonne en qui le fait fe
paffe , ni les témoins pleins de probité & attentifs à
fe précautionner contre l'artifice.

En genre de fait , de toutes les abfurdités la
plus grande eft de fuppofer ce qui n'eft point réellement , ou de conclure qu'une chofe eft réellement , par la feule raifon qu'elle eft poffible. C'eft-
là une première notion du bon fens , qui ne peut
être obfcurcie que par l'intérêt d'une mauvaife caufe.
Tant il eft vrai que , par une fecrette permiffion de
Dieu , la raifon ne fert perfonne plus mal , que ceux
qui donnent trop à fa doctrine.

Mais, dira notre Incrédule , y a-t-il de l'abfurdité à fuppofer qu'un homme adroit puiffe fafciner tous nos fens , nous faire regarder comme réel
ce qui ne feroit qu'une illufion , & détruire par-
là toutes les marques de vérité dont ces faits prétendus furnaturels nous paroiffent revêtus ? Oui,
c'eft le comble de l'aveuglement de l'efprit humain , & l'abfurdité la plus inconcevable , que de
forger le miracle le plus étonnant , & qui n'a jamais exifté , précifément pour faire révoquer en
doute d'autres miracles plus aifés à concevoir & fi
bien atteftés. Quoi ! on aimera mieux donner à un
fourbe le pouvoir de difpofer des principales loix
de la Nature , en lui accordant un moyen de produire fur d'autres hommes des impreffions vives ,
conftantes , uniformes , qui leur feront voir & toucher ce qu'ils ne verront & ne toucheront point

Après tant de preuves & de dé-
monſtrations ſi claires , avec quel
fondement Rouſſeau peut-il nous dire : » Je ne croirai jamais avoir bien

réellement : mais n'eſt-il pas évident qu'il n'eſt pas
moins contre les loix de la Nature , que pluſieurs
perſonnes croient voir un homme qu'ils ne voient
point , qu'ils croient l'entendre parler & ne l'en-
tendent point , qu'ils croient le toucher & ne le
touchent point , qu'il l'eſt qu'un mort reſſuſcite ?
Il faudroit pour cela renverſer les loix de la Nature , relatives aux ſens ; & ce n'eſt pas un moindre miracle d'animer un phantôme , de lui donner une reſſemblance qui puiſſe tromper pendant
un temps conſidérable , pluſieurs perſonnes qui feront uſage de tous leurs ſens , que de rendre la
vie à un mort. La véracité & la bonté de Dieu ne
peuvent permettre que qui que ce ſoit ſe joue ainſi
de la créance des hommes : une telle ſéduction
nous mettroit dans une néceſſité invincible de croire le faux ; & c'eſt ce que Dieu ne permettra jamais ; la vérité de tous les faits eſt appuyée ſur ce
principe. Ainſi le rapport conſtant des ſens , un
penchant néceſſaire & gravé dans notre ame par
l'Auteur de la Nature , l'idée de Dieu , cet Etre in-
capable de tromper & d'être trompé, la raiſon même,
réclament contre une pareille faſcination. Ce qu'il y
a de plus utile à l'homme , & de plus intéreſſant
pour la vie préſente & la vie future , eſt établi ſur
ce principe , que les relations des ſens , quand elles
ſont multipliées , conſtantes & uniformes, donnent
une conviction à laquelle il eſt impoſſible de réſi-
ſter. La ſaine Métaphyſique démontre que Dieu ,
cet Etre infiniment bon & infiniment ſage , ne permettra jamais que je me trompe en jugeant & ſur
le rapport conſtant de mes ſens, & ſur le penchant

» entendu les raifons des Juifs, qu'ils
» n'aient un état libre, des Ecoles,
» des Univerfités où ils puiffent par-
» ler & difputer fans rifque : alors

néceffaire & légitime qu'il a mis dans mon ame.
Elle me démontre également, que c'eft faire un
bon ufage de notre raifon, que de croire ce qui
paroît réel à plufieurs perfonnes qui ne font ni en
délire, ni plongées dans le fommeil, ni privées de
l'ufage d'aucun de leurs organes, fans qu'il y ait
aucune marque pour reconnoître la fauffeté : en un
mot, le fondement de toutes les certitudes eft ébranlé, fi l'on affoiblit tant foit peu la certitude des
fens. Il eft fort aifé de voir le but de ces Incrédules, qui cherchent à infirmer cette certitude : ils
fçavent bien que les Auteurs de notre divine Religion nous rappellent à tout moment au témoignage
des fens. La preuve de la divinité de leur miffion
eft établie fur ce que les yeux ont vu, fur ce que
les oreilles ont entendu, fur ce que les mains ont
touché : *Quod audivimus, quod vidimus oculis no-
ftris, quod perfpeximus & manus noftræ contrecta-
verunt de verbo vitæ.... annuntiamus vobis.* I. Epift.
S. Jean, ch. 1, v. 1.
» Pourquoi ne jugez vous pas vous-mêmes de ce
» qui eft jufte, difoit Jefus-Chrift au peuple, té-
» moin de fes miracles. Si vous ne croyez pas fur
» mon témoignage, croyez à celui de mes œu-
» vres : elles atteftent que je fuis l'Envoyé de Dieu «.
Pourquoi Jefus Chrift adreffe-t-il cette parole à tous
indiftinctement ? c'eft que la preuve des miracles
tire fa force primitive & directe de l'ufage légitime
& raifonnable des fens, dont tout le monde eft capable. C'eft donc pour tous les hommes & pour
tous les temps, qu'en genre de miracles, il eft écrit :
Jugez par vous-même de ce qui eft équitable : *Quid*

» feulement nous pourrons fçavoir ce
» qu'ils ont à dire «. Encore un coup
ne publient-ils pas à toute la terre le
Déicide qu'ils ont commis en la per-

autem & à vobis ipfis non judicatis quod juftum eft.
S. Luc, ch. 12, v. 57.

On voit auffi dans l'Evangile, que Jefus-Chrift,
après fa Réfurrection, rappelle les Apôtres au témoignage de leurs fens, & prouve par là évidemment, que tous les preftiges, foit humains, foit
diaboliques, ne fçauroient foutenir l'épreuve du
toucher. Ce divin Sauveur voulut bien que fes
Difciples fiffent cette épreuve-là, après s'être reffufcité, pour nous montrer qu'il étoit impoffible
que tous les fens fuffent fafcinés en même-temps.
Il fuffit donc de renvoyer ceux qui foutiennent un
fyftême auffi infenfé, à la lecture de l'Evangile du
Mardi de la femaine de Pâques : pour les Incrédules, qui n'admettent point les Livres faints, nous
les renverrons à leur témoignage intérieur, qui feul
fuffira pour leur ouvrir les yeux : nous leur demanderons feulement de la droiture & de la fincérité,
& ils feront obligés d'avouer que la régle de nos
jugemens par rapport aux faits, s'applique également
ment aux miracles & aux faits naturels ; que les
marques de vérité qui ne permettent pas de douter d'un fait naturel qui s'en trouve revêtu, peuvent convenir auffi aux faits furnaturels. En effet,
un événement, pour être contraire aux loix de la
Nature, n'en eft pas moins fufceptible de preuves. Les loix de la Nature font entiérement indépen-
dantes d'un fait que nous voyons ou que l'on nous
attefte : ce font les mêmes yeux qui ont vu Lazare
mort, qui l'ont vu reffufcité : il n'y a qu'une différence entre les faits naturels & les miracles :
pour ceux-ci, on pouffe les chofes à la rigueur, &

fonne de Jéfus - Chrift ? Qu'ont-ils
qui puiffe prouver que Dieu eft encore avec eux ? Depuis que Jéfus-
Chrift eft venu , il n'y a plus de Pro-

l'on demande qu'ils puiffent foutenir l'examen le
plus févère : pour ceux-là , on ne va pas à beaucoup près fi loin. Si l'on veut examiner la difficulté , on verra qu'elle n'eft fondée que fur ce qu'on
fe fert de la régle des faits pour examiner un miracle , & qu'on ne s'en fert pas ordinairement pour
un fait naturel. Ainfi on a droit de conclurre que
la vue & le toucher font juges compétens des faits
extraordinaires , comme des faits purement naturels ; que la certitude qui vient à l'homme par le
concours des différens rapports de fes fens , eft en
effet celle dont une conftante expérience lui apprend à ne fe pas défier ; qu'il n'y réfifte que par
un abus vifible de fa raifon & de fa liberté ; &
que le fyftème de la fafcination entière & durable ,
eft auffi contraire à la faine raifon qu'à la bonne
Théologie.

Quant à l'ignorance des forces & des reffources
cachées de la nature , & de certaines loix qui
nous échapent , à laquelle feule l'Incrédule ofe attribuer tout le merveilleux qui caractérife l'hiftoire de la Religion ; nous emprunterons de M.
Boullier, excellent Métaphyficien , & qui ne doit
pas être fufpect à Rouffeau , les argumens qui
font difparoître ce vain fophifme. Cet Auteur
établit d'une manière lumineufe , que l'ordre de
la Nature nous eft affez connu , pour que nous
puiffions , avec une attention raifonnable , démêler
parmi les effets inconnus , ce qui peut appartenir
à l'ordre purement naturel , & ce qui appartient à
un ordre fupérieur. Cet ordre de la Nature eft à
la vérité le réfultat de plufieurs loix qui fe modi-

phêtes parmi eux ; ils ne peuvent
nous montrer un feul miracle dont
Dieu les ait favorifés , comme il faifoit auparavant. La queftion eft aifée

fient les unes les autres : il ne fe manifefte que par
dégrés , nous ne le connoiffons pas tout entier; on
fait chaque jour des progrès dans cette étude. Tous
les jours , à l'aide de l'expérience & de la réflexion ,
le Phyficien démêle de nouvelles propriétés dans les
corps, de nouveaux agens naturels , de nouvelles
loix qui réglent & qui combinent leur action ; mais
à mefure que ces nouveaux effets fe manifeftent ,
ils viennent fe ranger fous cet ordre uniforme &
invariable de la Nature , comme les nouvelles découvertes en Géométrie vont prendre d'elles-mêmes
leur place dans la chaîne générale des vérités. Un
effet naturel , quoique inconnu , quoique inoui ,
n'éblouit pas des yeux fages , au point de leur paroître miraculeux ; avec un peu de réflexion , il eft
aifément reconnu pour ce qu'il eft , & on l'expli-
que par les loix déja connues , en les combinant
d'une façon nouvelle : ou bien il prouve une nouvelle loi qui , dans le cas dont il s'agit , modifie ,
fufpend l'action des autres loix , & par là même
s'unit à elles , entre avec elles dans la chaîne d'un
même ordre naturel. L'aiman , par exemple , attire
le fer , & par cette vertu tient fufpendu en l'air
des poids très-confidérables : mais , fans recourir au
miracle , qui eft-ce qui ne voit pas que l'aiman ne
déroge ainfi aux loix connues de la pefanteur , qu'en
conféquence d'une autre loix qui régle les effets de
l'aiman , & par conféquent les réduit à l'ordre des
chofes purement phyfiques? Les réflexions que fait
naître cet exemple , s'appliquent d'elles - mêmes à
tous les autres effets phyfiques qui femblent contredire les loix générales , mais dont la caufe in-

ici

ici à décider ; on n'a befoin ni d'état libre , ni d'Ecoles , ni d'Univerſités pour la réſoudre. Que les Juifs nous montrent un ſeul miracle fait en leur

connue dépend en effet de l'application des loix générales à certaines circonſtances particulières , qu'on ne peut pas toujours deviner parfaitement. Mais les miracles de Moyſe & de Jeſus-Chriſt appartiennent à un ordre de choſes tout-à-fait différent : au lieu que dans les découvertes phyſiques, les loix connues de la Nature ſont modifiées , ſuſpendues ou limitées par d'autres loix qui ſe manifeſtent par l'exception même & la limitation qu'elles apportent aux précédentes. Dans les miracles , on voit le cours ordinaire des loix connues s'interrompre & s'arrêter , ſans rien découvrir de naturel qui l'arrête , ſans voir aucune loi cachée ſe manifeſter , ſans démêler aucune analogie entre l'effet nouveau & imprévu qui éclate , & d'autres effets de la Nature déja connus ; enfin ſans que ces nouveaux prodiges aient une ſucceſſion uniforme & régulière , qui annonce qu'ils tenoient à une cauſe naturelle : ils ſont uniquement relatifs à de ſimples actes de volonté ; ils paroiſſent au gré de ceux qui les opèrent ; ils dépendent de leurs vues , & ne tiennent point au cours réglé de la Nature.

Le miracle ſuppoſe donc deux choſes , 1°. qu'il y a un ordre fixe & conſtant dans la nature ; 2°. que nous avons une connoiſſance de cet ordre , à laquelle nous ne ſçaurions nous tromper. Les loix de la Nature , ſi dignes de la ſageſſe de ſon Auteur , étant établies pour ſervir de régle à nos jugemens & à toute notre conduite , l'expérience nous les manifeſte ſi clairement , que nous ne ſçaurions nous y méprendre. C'eſt là-deſſus que roule toute la certitude des choſes humaines , & de-là dépend tout

faveur depuis l'établiffement de la Religion Chrétienne ; qu'ils nous citent un feul Prophete depuis la venue de Jefus - Chrift , & nous leur

l'ordre & même tout le repos de notre vie. Les deffeins de la fageffe , les mefures qu'infpire la prudence , les travaux de l'art & de l'induftrie des hommes , ne fignifieroient rien fans cela : fans ce cours régulier des loix & des caufes naturelles , qui nous garantit la conftance de leurs effets, on ne pourroit ni agir de fuite , ni rien prévoir , ni rien conduire.

Prenez garde que pour s'affurer de ce cours invariable , il n'eft point néceffaire d'être habile Phyficien. Où en feroient les hommes d'un certain état , qui cependant ont des droits particuliers à la Religion ? Les miracles font l'argument des fimples , ils font effentiellement preuve de la Vérité, ils font *fondement* , dit M. Pafcal , d'après la Théologie & la raifon : donc tout doit être clair , tout doit être palpable dans cette Théologie naturelle. Ce feroit un étrange embarras , fi , pour juger de la réalité des miracles , il falloit percer les myftères de la Nature , aprécier fes opérations , & nombrer fes forces. Les témoins des œuvres de Jefus-Chrift n'eurent pas befoin de cette fcience , pour les traiter de miraculeufes. C'eft avec raifon que la Sorbonne , dans la Cenfure d'Emile , enfeigne que , » L'expé- » rience & l'obfervation fuffifent à tout le monde » pour fçavoir que les caufes naturelles & phyfi- » ques , & les tours d'un homme adroit , ne vont » pas jufqu'à opérer les miracles de Moyfe & ceux » de Jefus-Chrift «.

C'eft donc une défaite , de venir nous dire que nous ne connoiffons pas tout ce que comprend l'ordre naturel. Le caractère des loix naturelles eft d'ê-

donnons gain de caufe. Mais non ; ils n'y réuffiront jamais. Nos anciens Apologiftes, comme les modernes, leur ont toujours fait le même défi ,

tre *fimples* , *conftantes* , *uniformes* : s'il y en a de particulières qui modifient les loix générales , elles font renfermées dans une fphere affez étroite & bornée à certains cas, qui laiffent fubfifter ces premières loix dans leur généralité ; & les exceptions mêmes qu'elles apportent à ces premières loix , ont des régles certaines fuivant lefquelles elles ne manquent jamais de fe reproduire dans les cas qui leur conviennent. Le miracle, au contraire , fufpend & renverfe toutes les loix naturelles , génerales & particulières , fans pouvoir, en aucun fens , fe concilier avec aucune de ces loix, fans jamais revenir dans de certains cas, dans de certaines circonftances , & fans avoir d'autre caufe affignable que la volonté de celui qui l'opère Qu'une feule fois en quatre mille ans un feul homme ait marché fur l'eau fans y enfoncer , il eft clair que la loi de la pefanteur n'eft point là fufpendue par aucune autre loi , mais par une volonté particulière , c'eft-à-dire , par un miracle.

D'ailleurs, on peut faire un raifonnement victorieux contre l'Incrédule qui exige qu'on lui démontre qu'un tel fait furpaffe non-feulement les forces connues, mais encore les forces réelles de la Nature , pour le regarder comme le témoignage de Dieu. Un tel événement, lui dira-t-on , pris en lui-même , quoique démontré fupérieur à toutes les forces de la Nature , ne décide de rien , qu'autant qu'il eft un témoignage de Dieu. Il n'eft un témoignage de Dieu , qu'autant qu'il eft la voix de Dieu : il n'eft un témoignage de Dieu , qu'autant qu'il eft joint à l'invocation de Dieu.

K k ij

& jamais ils n'ont ofé l'accepter. Les Nations n'ont pas plutôt abandonné leurs Idoles, pour fuivre la lumière de la vérité dont Jefus - Chrift étoit

Cette fuite de propofitions eft évidente. C'eft par conféquent le concours de l'invocation de Dieu avec l'événement ; c'eft ce concours qui, eu égard à la Providence, fonderoit, dans ce cas, l'Incrédule à conclurre invinciblement le témoignage de Dieu : cela n'eft pas douteux, & la conclufion feroit parfaitement tirée. Or, dès qu'on fuppofe une Providence, & que l'invocation de Dieu intervient, il eft tout égal que l'événement furpaffe les forces réelles, ou qu'il furpaffe feulement les forces connues de la Nature. Car du côté de l'homme, l'impreffion qui fuit l'événement, eft, pour ainfi dire, la même dans l'un & dans l'autre cas : du côté de Dieu, fon invocation intervient également dans l'un & dans l'autre cas : donc la Providence eft auffi également engagée dans l'un & l'autre cas à me garantir de l'illufion. Ainfi je vois arriver un homme qui m'annonce que Dieu veut de moi quelque chofe de plus qu'une Religion naturelle, & qu'il eft un culte beaucoup plus excellent par lequel il veut que je l'honore ; & pour le prouver, il appelle Dieu en témoignage, il l'invoque, & il rend en ma préfence la vue à un aveugle-né. Quand, abfolument parlant, ce prodige pourroit être opéré par un agent créé, puis-je me difpenfer de me dire en moi-même : Ou il n'y a point de Providence ; ou, s'il y en a une, Dieu ne laifferoit pas concourir fon invocation avec la liberté qu'il donne à un agent créé d'opérer un fi grand prodige, s'il ne vouloit pas véritablement que cet événement me rendît de fa part témoignage : car s'il n'eft pas contre la Nature, il eft au moins contre

venu les éclairer , que le Dieu des armées a retiré de Jérufalem tous les fages Architectes capables d'édifier. Dès-lors la grace de Dieu a ceffé par-

le cours ordinaire de la Nature : *A faculo non eft auditum , quia quis aperuit oculos cœci nati.* Dieu le permettroit d'autant moins , qu'il s'agit de tout ce qu'il y a de plus grand & de plus effentiel , puifqu'il s'agit d'un culte d'une Religion. Si je ne me rends pas , ma condamnation eft inévitable , & je la trouve dans le concours de l'invocation de Dieu appellé en témoignage avec un événement fi prodigieux , que perfonne ne peut en découvrir la caufe ; & fi , par impoffible , je me trompois , je trouve ma juftification dans ce même concours de circonftances , & mon erreur retomberoit fur Dieu même.

Mais fuppofons pour un moment , qu'il y a dans la Nature des loix inconnues ; capables d'opérer les prodiges rapportés dans les Livres faints , il feroit toujours impoffible d'atteindre à la connoiffance de ces loix ; ou fi l'on y pouvoit atteindre , ce ne feroit que par une révélation , que par un fecours miraculeux ; & dans ce dernier cas , la connoiffance de ces loix , & le pouvoir qu'on auroit de les mettre en œuvre , feroit le témoignage le plus autentique qu'on parloit de la part de Dieu , & qu'on étoit muni de fes lettres de créance. D'ailleurs , quand il y auroit dans la Nature des loix inconnues , on ne pourroit pas en inférer qu'elles anéantiffent celles que nous connoiffons. Or les miracles de Moyfe , de Jefus-Chrift & des Apôtres , étoient évidemment contraires aux loix connues de la Nature. Ainfi nos Incrédules ne peuvent dans aucun fyftème , affoiblir l'autorité des miracles ; toutes les inepties qu'ils nous débitent fur ce point ,

mi les Juifs ; les nuées ont reçu ordre de ne plus pleuvoir fur la vigne
de Sorec , & la fource des bienfaits
céleftes a été tarie pour la maifon d'I-

nous donnent le droit de les comparer à ces Suiffes
idolâtres , qui aimèrent mieux dire une abfurdité ,
que de croire à la parole de S. Colomban , confirmée par des miracles de toute efpèce. Voici les vers
qui ont été faits à ce fujét. Ce trait d'hiftoire eft
rapporté mot pour mot dans l'Hiftoire Eccléfiaftique
de M. Fleury, *Tom. 8. Liv.* 37.

> Saint Colomban dans un bourg Helvétique
> Prêchant un jour le dogme Evangélique ,
> Voyoit glifler fur ces cervaux bouchés
> Tous les traits forts qu'il avoit décochés.
> Il veut tenter fi , fourds à fes oracles ,
> Ils fe rendront à la voix des miracles ;
> Par le cifeau dans la pierre creufé ,
> Eft un baffin fur la place expofé.
> ῾῾ Enfans , dit-il, pour montrer fans réplique
> ῾῾ Aux plus obtus , que la Foi que j'explique ,
> ῾῾ Eft le chemin qui feul conduit aux Cieux ;
> ῾῾ Je vais fouffler fur la pierre à vos yeux ;
> ῾῾ Et dans l'inftant vous allez voir en quatre
> ῾῾ Les pans brifés fur le pavé s'abattre ῾῾.
> Nouveau Moyfe , il fouffle , & le baffin
> Eft pourfendu fous les lévres du Saint ;
> Vous euffiez cru , qu'en prouvant de la forte ,
> Le cas étoit pleinement réfolu :
> Mais fçavez vous , ce qu'il en fut conclu ;
> C'eft que l'Apôtre avoit l'haleine forte.

Non feulement les Incrédules de nos jours nous
difent de fang-froid des abfurdités auffi fortes que
celles de nos Suiffes ? mais ils nous répetent en-

fraël. Tout a été tranſporté à l'Egliſe de Jeſus-Chriſt. Les mêmes preuves qui établiſſoient la divinité de la Religion des Juifs, établiſſent celle de

core tous ces faux prodiges que l'on ne fait ſemblant d'adopter, que pour décréditer ceux qui ſervent de fondement à la Religion. On leur a prouvé plus d'une fois, que ces faux prodiges avoient toujours trois vices eſſentiels. Ils ſont ſecrets, ils ſont uniques, ils ſont mal circonſtanciés : *ſecrets*, chacun en parle, nul ne dit & ne prouve qu'il les a vus. Celui qui les croit cite un autre pour garant, & celui-ci un autre encore, ſans qu'on arrive à un témoin fidèle, éclairé & reſpectable : *uniques*; jamais un ſecond ne léve les doutes cauſés par le premier. L'erreur ſatisfaite d'un ſuccès, ne s'expoſe plus au riſque d'en perdre le fruit en ſe dévoilant par la répétition des mêmes merveilles : *mal circonſtanciés*; on ne voit pas deux récits qui ſe reſſemblent dans l'hiſtoire qui les rapporte : ce ne ſont que variations éternelles, circonſtances contradictoires.

Pour les miracles de Jeſus-Chriſt, rien de ſi public : or plus un fait eſt public, moins il eſt propre à ſeconder l'impoſture. Mais que ſera-ce, ſi ce fait par ſa nature, excite encore la plus vive curioſité; ſi ce fait intéreſſe ce qu'il y a de plus ſenſible & de plus cher au cœur; ſi ce fait entraîne la néceſſité d'un culte, s'il introduit de nouveaux préceptes, & s'il devient le fondement d'une réforme générale; un pareil ſpectacle laiſſera t-il les eſprits inappliqués? Or, tels ſont les miracles du Nouveau Teſtament. On ne peut pas dire qu'ils ſoient uniques, puiſque Jeſus-Chriſt en faiſoit partout où il alloit, & que ſes Diſciples en ont fait de plus grands que lui. Rien de ſi bien circonſtan-

la Religion Chrétienne. Le Juif incrédule ne peut la combattre fans fe combattre lui-même : les miracles & les prophéties de Jefus - Chrift font auffi décififs en fa faveur, que l'étoient en faveur de Moyfe les miracles qu'il opéroit & les prédictions qu'il faifoit.

Les Juifs n'ont jamais ofé nier les miracles de Jefus-Chrift, & leur Talmud fait même mention de quelques-uns que fes Difciples ont fait en fon nom. Tout ce qu'ils ont pu dire pour les obfcurcir, c'eft qu'ils les avoient

cié que le récit de ces miracles. Le temps où l'Hiftoire Evangélique a été écrite, ne permettoit pas qu'on fuppofât des faits qui auroient été bien - tôt démentis, puifque ces faits étoient récents. D'ailleurs un fait eft bien certain, lorfque ceux qui ont le plus d'intérêt à le nier, ne lui oppofent qu'une explication abfurde, & recourent à un dénoument impoffible : or c'eft ce qu'ont fait les Incrédules du temps de Jefus-Chrift, & ce que répetent encore ceux de notre fiécle, qui ne font fi oppofés aux miracles, que parce que ceux-ci font le fondement d'une révélation qu'on ne veut en aucune manière admettre. La matière des Miracles eft fi importante, qu'on a droit d'efpérer que cette digreffion ne déplaira point au Lecteur.

opérés par le secours des enchante-
mens, qu'ils avoient, disent-ils, appris
en Egypte. Mais ne devroient ils pas
faire attention, qu'ils fournissent des
armes contre eux-mêmes? Moyse n'a-
t-il pas été accusé du même crime?
Les Egyptiens ne l'ont-ils pas mis au
nombre des principaux Magiciens?
Que répondront-ils à une pareille accusation? Ils diront, sans doute, que
les illusions de la magie n'ont jamais
un effet durable; qu'elle ne sçauroit
avoir pour fin d'établir le culte de
Dieu & la sainteté des mœurs; enfin, que les vrais miracles & les œuvres de Dieu ne sçauroient être imi-
tés par la puissance des Démons. Or
les mêmes raisons prouvent invinciblement que Jesus - Christ n'a point
été un Magicien; & une si vaine accusation ne sert qu'à rendre ses miracles incontestables, & par une ju-

fte conféquence, à prouver qu'il eft le Meffie.

Demander, comme fait Roufleau, que les Juifs aient un état libre, des Ecoles, des Univerfités, c'eft demander tout à la fois le renverfement du Chriftianifme & de la révélation Judaïque. Si les Juifs fortoient de l'état où ils font fans fe convertir à Jefus-Chrift, dès-lors la Religion Chrétienne feroit renverfée & confondue; & Jefus-Chrift, ceffant d'être l'objet des anciennes Ecritures, il ne feroit plus impoffible à l'Incrédule de les convaincre de fauffeté, & de faire voir qu'elles ne font qu'un amas de vaines cérémonies, de menfonges & de contradictions.

Mais que les Juifs nous parlent puiffamment en faveur de Jefus-Chrift dans leur état actuel! Leurs propres Ecritures nous apprennent qu'un tel

état eſt la juſte peine de leur incrédulité à l'égard de Jeſus - Chriſt , &
qu'ils n'en ſortiront que lorſqu'ils croiront en lui. Il ſuffit de jetter les yeux
ſur le Pſeaume ſoixante - huit , pour
nous en convaincre. ,, Ceux qui me
,, haïſſent ſans ſujet , dit à Dieu le
,, Prophete Roi , ſont en plus grand
,, nombre que les cheveux de ma tête.
,, Les ennemis qui me perſécutent in-
,, juſtement , ſe ſont fortifiés , & on
,, me fait payer ce que je ne dois
,, pas. . . . . . . C'eſt pour l'amour de
,, vous que je ſouffre ces opprobres ,
,, & que j'ai le viſage couvert de con-
,, fuſion. Mes frères m'ont traité com-
,, me un étranger , parce que le zèle
,, de votre maiſon m'a dévoré , &
,, que tous les outrages qu'on vous
,, fait ſont tombés ſur moi. . . . Vous
,, voyez les opprobres & l'ignominie
,, dont on me charge. J'ai attendu

» que quelqu'un prît part à ma dou-
» leur , & perfonne ne l'a fait. Ils
» m'ont donné du fiel pour nourri-
» ture , & dans ma foif ils m'ont pré-
» fenté du vinaigre pour breuvage.
» Que leur table foit devant eux com-
» me un piége ; qu'ils y trouvent la
» jufte peine qu'ils méritent ; qu'elle
» foit pour eux un fujet de chûte &
» de fcandale. Que leurs yeux foient
» tellement obfcurcis , qu'ils ne voient
» point ; faites que leurs reins foient
» toujours courbés. Répandez fur eux
» votre colere , & que la fureur de
» votre indignation les pourfuive par-
» tout. Que leur demeure foit dé-
» ferte , & que perfonne n'habite plus
» dans leurs maifons ; parce qu'ils
» ont perfécuté celui que vous aviez
» frappé , & qu'ils ont ajouté de nou-
» velles plaies à celles dont j'étois déja
» couvert «.

Tous ces traits conviennent admirablement à Jesus-Christ. C'est à lui à qui les Juifs ont fait souffrir tous ces indignes traitemens dont le Prophete se plaint : c'est à lui qu'ils ont donné du fiel pour nourriture , & du vinaigre pour breuvage : c'est après tous ces excès commis en sa personne , que la prière faite en son nom , a fait tomber sur les Juifs tous les effets de la colère & de l'indignation de Dieu. Leurs propres Livres sont devenus un piége où ils ont été pris ; parce que leurs yeux se sont tellement obscurcis , qu'ils ne voient plus. Leur demeure est devenue déserte par la ruine de leur Ville & leur dispersion , parce qu'ils ont persécuté & accablé celui que Dieu avoit frappé à cause de nous.

Mais ces mêmes Ecritures qui ont prédit à ce Peuple ses châtimens &

fa misère, ont annoncé auffi claire-ment que Dieu le conferveroit juf-qu'à la fin des fiécles, par une pro-tection miraculeufe, & lui ouvriroit les yeux à la lumière, en le rappellant à la Foi & à la vraie piété. *Les enfans d'Ifraël, dit Ofée (a), feront long-temps fans Roi, fans Prince, fans facrifice, fans autel, fans éphod ; mais après ce temps, les enfans d'Ifraël re-tourneront au Seigneur leur Dieu ; ils le chercheront & David leur Roi, & ils feront pleins de refpect & de crainte pour Dieu & pour ce qui eft le bien de Dieu ; & cela arrivera dans les der-niers temps.* On ne pouvoit marquer plus clairement l'état où nous voyons les Juifs depuis qu'ils ont crucifié Jefus-Chrift, & en exprimer la caufe d'une manière plus précife. C'eft pour n'avoir pas reconnu le véritable Da-

______
(*a*) *Ifaïe, 66.*

vid , & avoir rejetté Dieu même en fa perfonne : car le Prophete décla-re que , lorfque les Juifs reviendront , ils chercheront le Seigneur leur Dieu , & David leur Roi (*a*). Ce David eft donc venu , ils l'avoient donc mé-connu ; & en le rejettant , Dieu avoit donc ceffé d'être leur Dieu , puif-qu'ils chercheront l'un & l'autre. Ils n'ont donc pas connu le grand bien-fait de Dieu , fon don par excellen-ce , c'eft-à-dire le Meffie , puifque , lorfqu'ils reviendront , ils feront pé-nétrés d'un profond refpect & d'une fainte frayeur pour le bienfait du Sei-gneur : *Et pavebunt ad Dominum & ad bonum ejus.*

Que l'état des Juifs répand donc

____

(*a*) Les preuves de la converfion future de ce Peuple viennent à l'appui de la vérité de la Reli-gion Chrétienne. On fe fera un plaifir de les déve-lopper , & de détruire jufqu'aux plus petites obje-ctions de Rouffeau , fi l'on apprend que le Public vient à goûter cet Ouvrage.

de grandes lumières fur la Religion
Chrétienne ! L'œconomie de leur in-
fidélité eft admirable , & porte des
caractères de divinité qui frappent,
dès qu'on les examine. Y a-t il rien
de plus frappant & de plus divin ,
que de voir un Peuple qui a rejetté &
crucifié Jefus-Chrift , qui a pris de
lui un fujet de fcandale , attefter unanimement la divinité des Livres qui
dépofent en faveur de Jefus-Chrift ,
& qui annoncent que ce Peuple même le rejettra & viendra fe brifer contre lui ? N'eft-ce pas vifiblement un
Peuple fait exprès pour fervir de témoin à Jefus-Chrift & à fa Religion?
Si les Juifs avoient cru en Jefus-
Chrift , quel prétexte d'incrédulité
n'aurions-nous pas ? Nous les accu-
ferions de s'être concertés enfemble
pour tromper le genre-humain ; nous
n'aurions plus que des témoins fuf-

pects

pects de la vérité des Livres faints. Mais comment réfister à la force d'un témoignage fi décifif, que celui d'un Peuple entier, qu'on ne peut foupçonner de vouloir favorifer la Religion Chrétienne, dont il eft le plus grand ennemi ? C'eft ce Peuple, d'une exactitude & d'une fidélité reconnues pour fa Loi & fes Livres, qui, malgré tout l'avantage que nous prétendons en retirer contre lui, n'a jamais fouffert qu'il s'y fît aucune altération. C'eft lui qui nous garantit la certitude de toutes les prophéties dont les Chrétiens s'appuient & s'autorifent.

Les Payens auroient pu nous accufer, comme les Incrédules de nos jours, d'avoir fait après coup toutes ces prophéties fi convaincantes, qui ont prédit fi long-temps auparavant les caractères du Meffie, la venue de Jefus-Chrift & l'établiffement de fon

Eglife. Mais Dieu, pour procurer aux hommes toutes les preuves qu'ils peuvent défirer, a rendu dépofitaires de ces prophéties un Peuple ennemi du nom Chrétien, s'il en fût jamais. Il l'a difperfé par toute la terre, pour y rendre un témoignage autentique & irréfragable de la certitude & de la vérité de toutes ces prophéties. Vous trouvez, avons - nous dit aux Payens, les prophéties que nous vous objectons, fi claires & fi décifives, que vous nous accufez de les avoir compofées nous - mêmes. Plus elles font évidentes, plus elles vous paroif-fent fauffes, & plus vous êtes perfua-dés qu'elles font fuppofées, & faites après la venue de celui qu'elles annon-cent. Mais, pour lever tous vos dou-tes, pour détruire l'accufation que vous intentez contre nous, confultez les Juifs, ces ennemis de la Foi, encore plus irréconciliables que vous. Vous ne sçauriez les soupçonner de conniver avec nous pour vous tromper & vous séduire. Les Juifs, cités en témoignage, attestoient aux Payens que Moyse étoit un homme envoyé de Dieu pour être leur Légiflateur, qui avoit vécu quinze cens ans avant Jesus-Chrift, & tous les Prophetes long-temps avant lui. Alors les Payens ne pouvoient s'empêcher d'admirer la solidité des fondemens de la Religion Chrétienne ; puisque les Juifs même, quoique ses plus grands ennemis, lui rendoient un témoignage qui tournoit à leur confusion, & que par conséquent la seule vérité pouvoit tirer de leur bouche. Enfin tout concourt à montrer aux Incrédules que la Religion Chrétienne tire sa force de tout ce qu'on invente même pour la détruire. Qu'on

L l ij

jette les yeux fur cet enfemble de nos
preuves, & l'on déplorera l'aveuglement de ceux qui cherchent à la méconnoître.

Fin de la Troifiéme Partie.

APPROBATION.

J'AI LU, par ordre de Monseigneur le Chancelier, un Manuscrit qui a pour titre : *La Divinité de la Religion Chrétienne, vengée des sophismes de J. J. Rousseau, 2e & 3e Parties de la Réfutation d'Emile ou de l'Education.* L'Impression m'en a paru utile. En Sorbonne, le 31 Décembre 1762.

Signé JOLLY.

PRIVILEGE DU ROI.

LOUIS, PAR LA GRACE DE DIEU, ROI DE FRANCE ET DE NAVARRE : A nos amés & féaux Conseillers, les Gens tenant nos Cours de Parlement, Maîtres des Requêtes ordinaires de notre Hôtel, Grand-Conseil, Prevôt de Paris, Baillifs, Sénéchaux, leurs Lieutenants Civils, & autres nos Justiciers qu'il appartiendra, SALUT. Nos amés, *Jean Desaint & Charles Saillant*, Libraires à Paris, Nous ont fait exposer qu'ils desireroient faire imprimer & donner au Public un Ouvrage qui a pour titre : *Réfutation de Jean-Jacques Rousseau :* s'il Nous plaisoit leur accorder nos Lettres de Permission pour ce nécessaires. A CES CAUSES, voulant favorablement traiter les Exposans, Nous leur avons permis & permettons par ces Présentes, de faire imprimer ledit Ouvrage autant de fois que bon leur semblera, & de le faire vendre & débiter par tout notre Royaume *pendant le tems de trois années consécuti-*

ves , à compter du jour de la date des Préfentes ; Faifons défenfes à tous Imprimeurs ,
Libraires & autres perfonnes de quelque qualité & condition qu'elles foient , d'en intro-
duire d'impreffion étrangère dans aucun lieu
de notre obéiffance : A la charge que ces
Préfentes feront enregiftrées tout au long fur
le Regiftre de la Communauté des Imprimeûrs
& Libraires de Paris , dans trois mois de
la datte d'icelles ; que l'impreffion dudit Ouvrage fera faite dans notre Royaume , &
non ailleurs , en bon papier & beaux caractères , conformément à la feuille imprimée & attachée pour modéle fous le contre-
fcel des Préfentes ; que les Impétrans fe confor-
meront en tout aux Réglemens de la Librai-
rie , & notament à celui du 10 Avril 1725 ;
qu'avant de les expofer en vente , le Manu-
fcrit qui aura fervi de Copie à l'impreffion
dudit Ouvrage , fera remis dans le même
état où l'Approbation y aura été donnée , ès
mains de notre très-cher & féal Chevalier &
Chancelier de France le fieur DE LA MOI-
GNON , & qu'il en fera enfuite remis deux
Exemplaires dans notre Bibliothéque publique , un dans celle de notre Château du Lou-
vre , un dans celle dudit Sieur DE LA MOI-
GNON , & un dans celle de notre très-cher &
féal Chevalier , Garde des Sceaux de France
le Sieur FEYDEAU DE BROU , le tout à peine
de nullité des Préfentes, du contenu defquelles
vous mandons & enjoignons de faire jouir lef-
dits Expofans & leurs ayant caufes, pleinement
& paifiblement , fans fouffrir qu'il leur foit

fait aucun trouble ou empêchement. Voulons que la Copie des Préfentes, qui fera imprimée tout au long au commencement ou à la fin dudit Ouvrage, foit tenue pour duement fignifiée ; & qu'aux Copies collationnées par l'un de nos Amés & féaux Confeillers-Secrétaires, foi foit ajoutée, comme à l'Original. Commandons au premier notre Huiffier ou Sergent fur ce requis , de faire pour l'exécution d'icelles , tous Actes requis & néceffaires, fans demander autre permiffion , & nonobftant clameur de Haro, Charte Normande , & Lettres à ce contraires. Car tel eft notre plaifir. DONNÉ à Paris le cinquiéme jour du mois d'Octobre, l'an de grace *mil fept cent foixante-deux* , & de notre Régne le quarante-huitiéme. Par le Roi en fon Confeil.

Signé , L E B E G U E.

Regiftré fur le Regiftre XV. de la Chambre Royale & Syndicale des Libraires & Imprimeurs de Paris , Nº. 757. fol. 333. conformément au Réglement de 1723. A Paris ce 8 Octobre 1762.

Signé , LE BRETON , Syndic.

De l'Imprimerie de LOTTIN , 1763.